ISBN-13: 978-1533529220

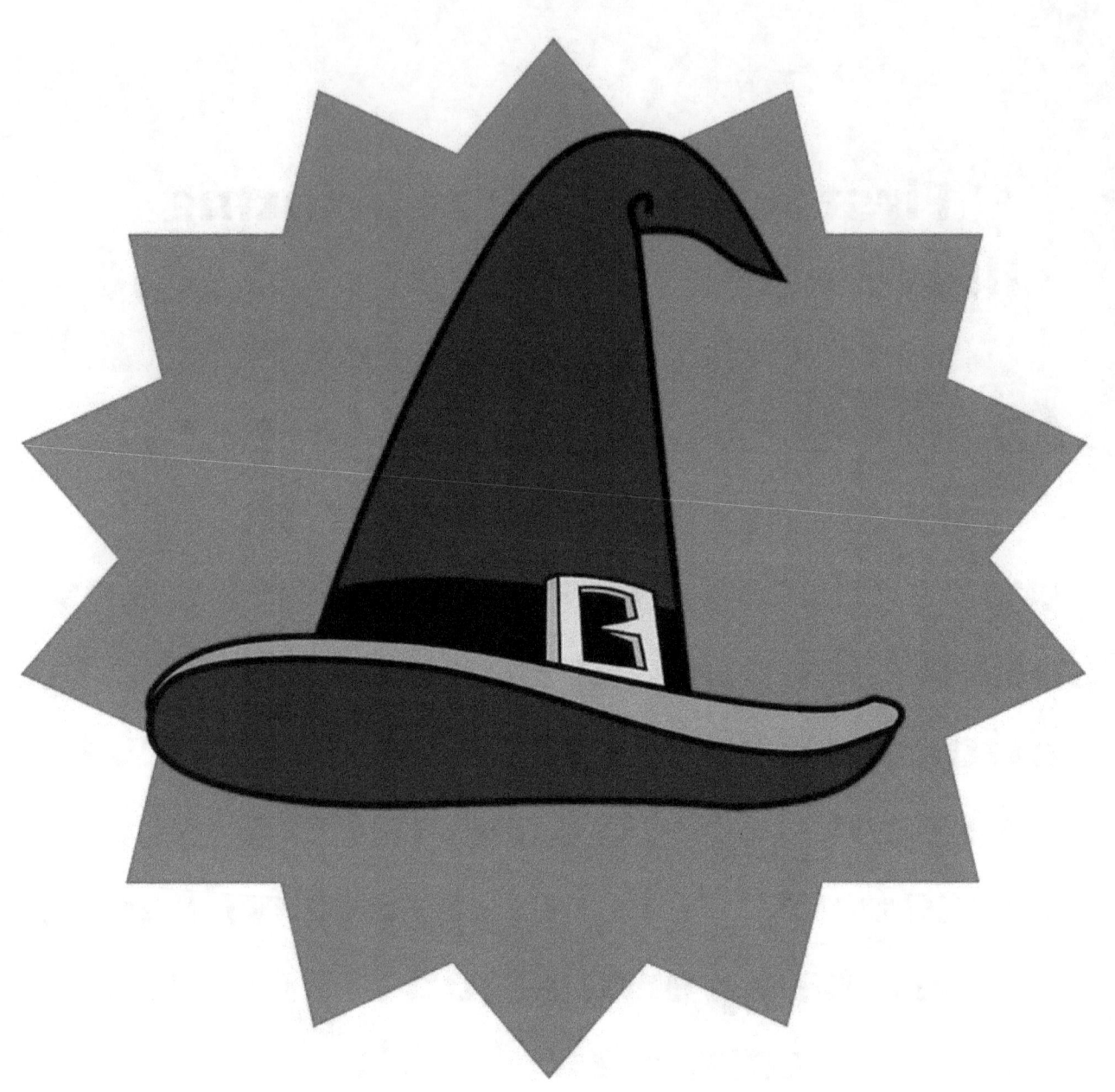

ARE YOU READY ?

1 1 1 1 1 1 1 1

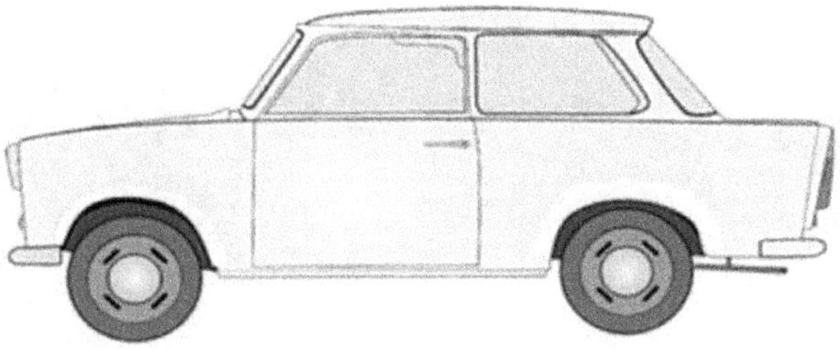

1 1 1 1 1 1 1 1

1 1 1 1 1 1 1 1

1 1 1 1 1 1 1 1

1 1 1 1 1 1 1 1

Rescue Your number !

Find the path to
help Number 1

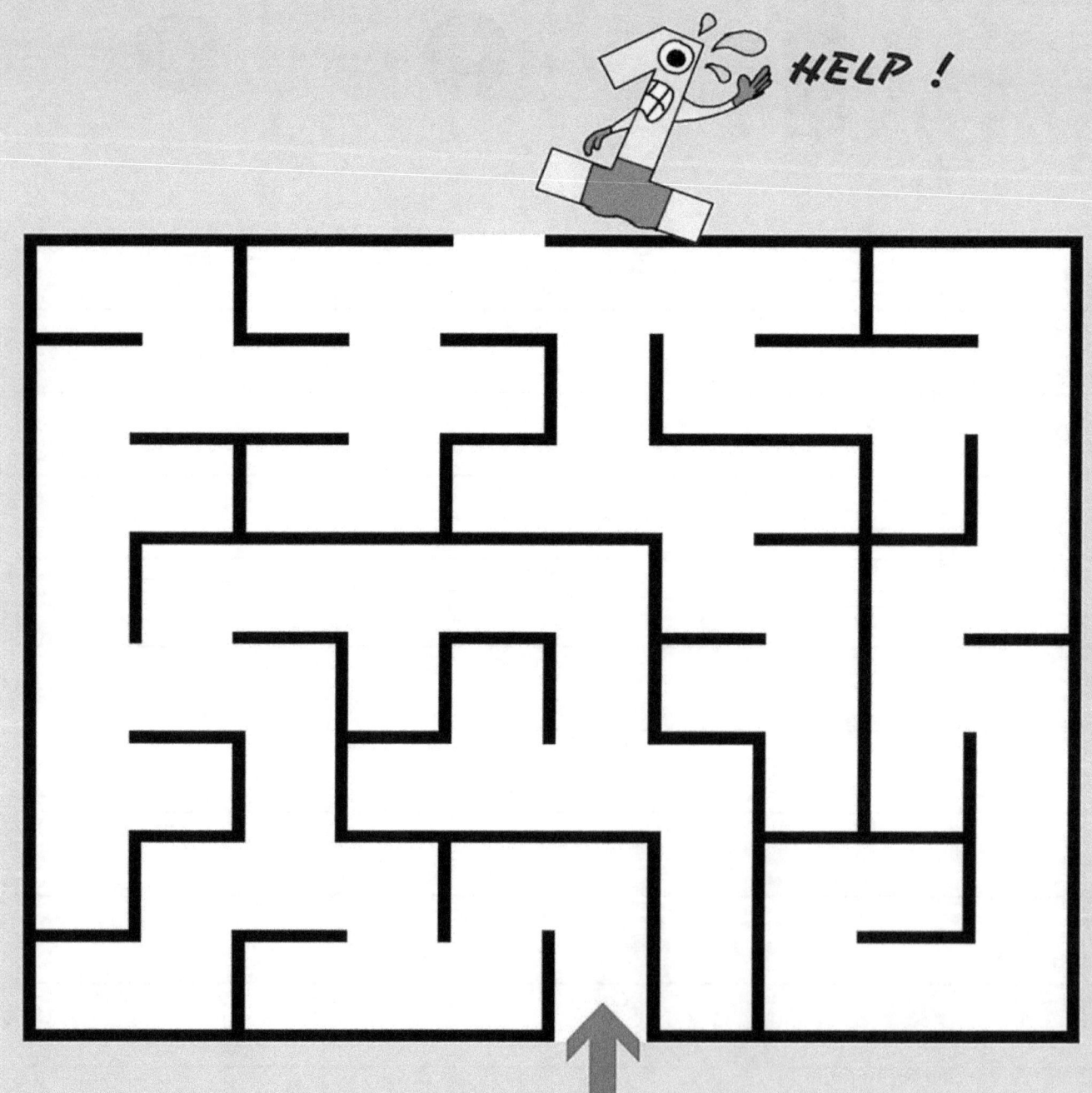

.Quick Eyes !!!

Find Number 2 in 10 seconds and circle it.

1	33	6	19	14
61	13	76	39	84
31	4	18	71	95
9	3	19	2	55
5	65	36	14	37

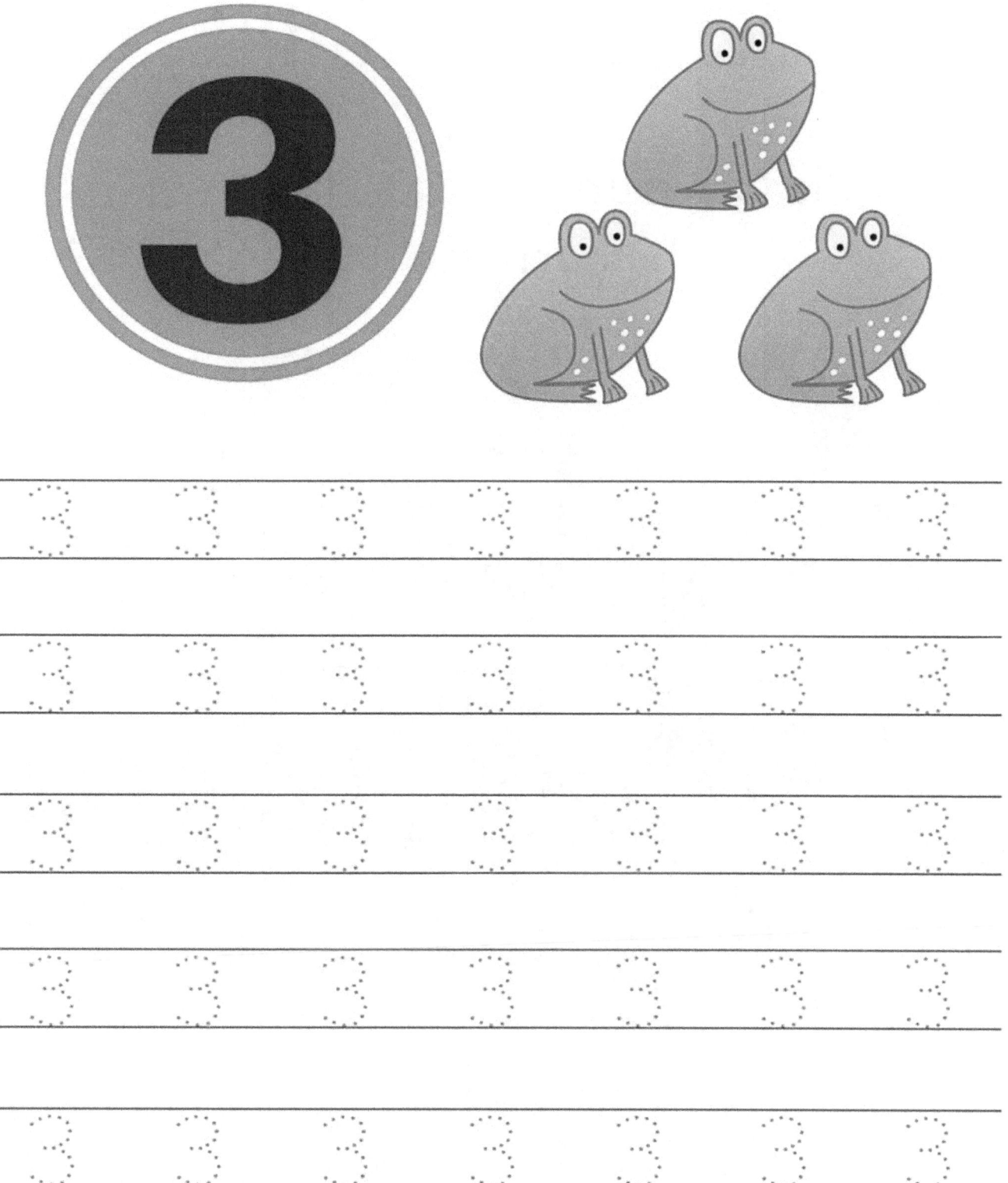

WHICH FRUIT HAVE 3 ?

Please write Number 3 in the correct

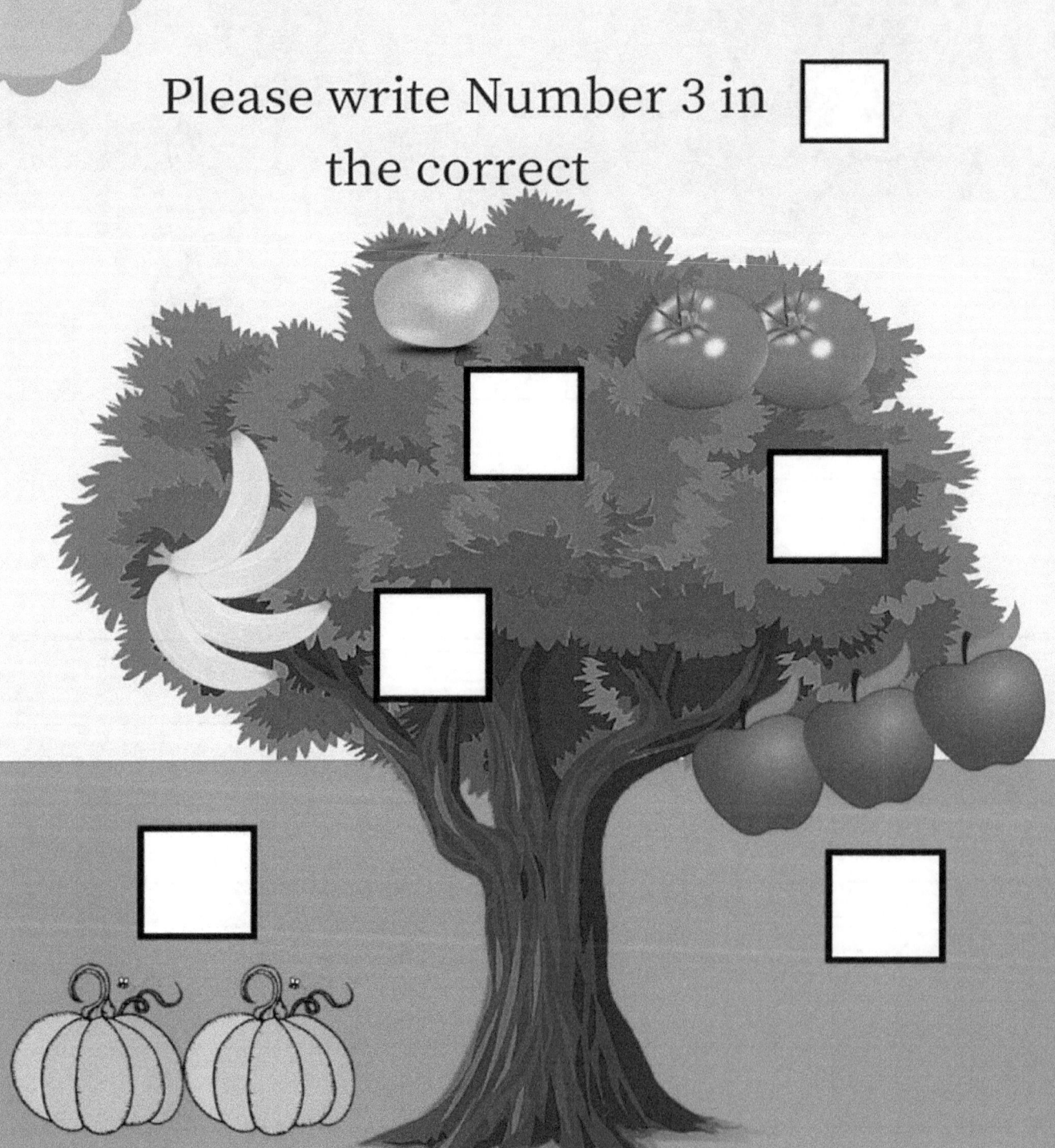

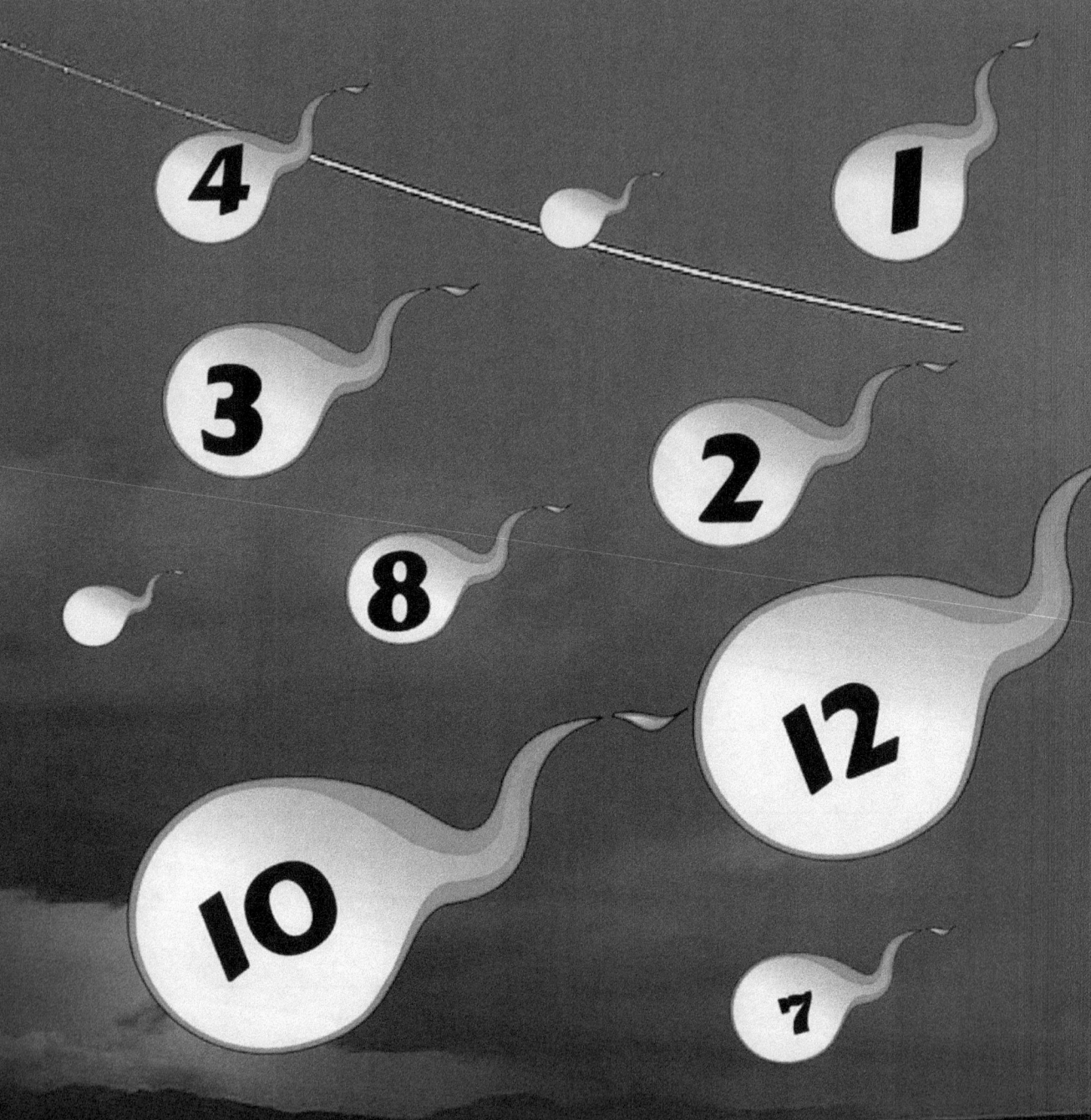

Which asteroid has number 4 ?

Move your finger to point it in 7 seconds

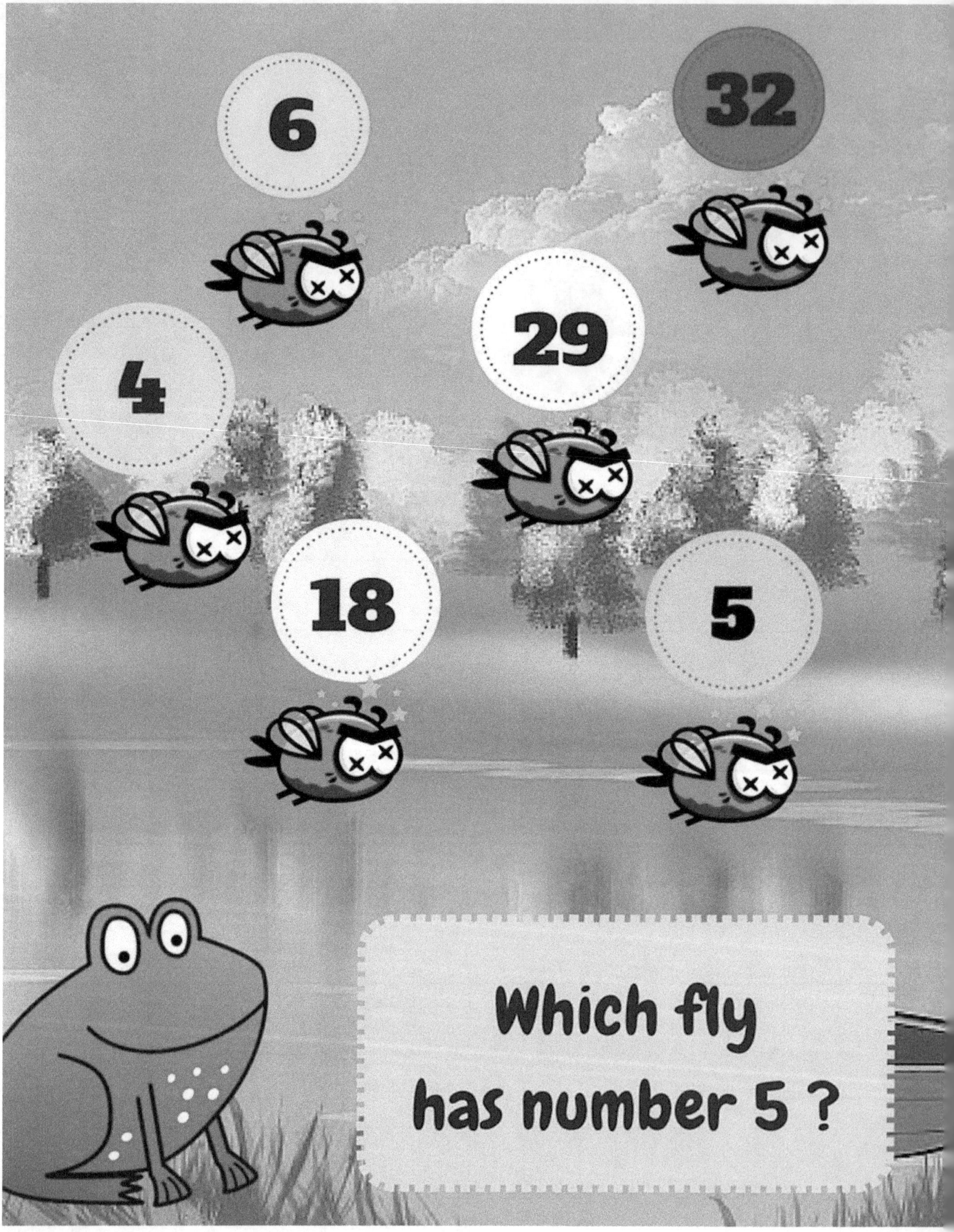

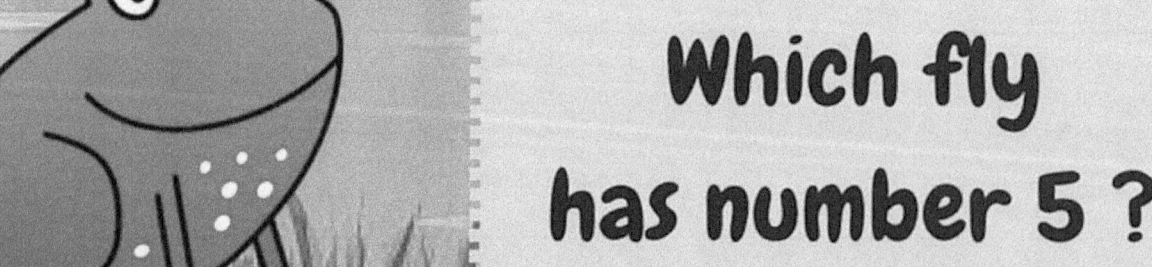

Which fly has number 5 ?

6

6 6 6 6 6 6 6

6 6 6 6 6 6 6

6 6 6 6 6 6 6

6 6 6 6 6 6 6

6 6 6 6 6 6 6

Write the number of tree in this picture ?

Answer :_____

4   13   5   9

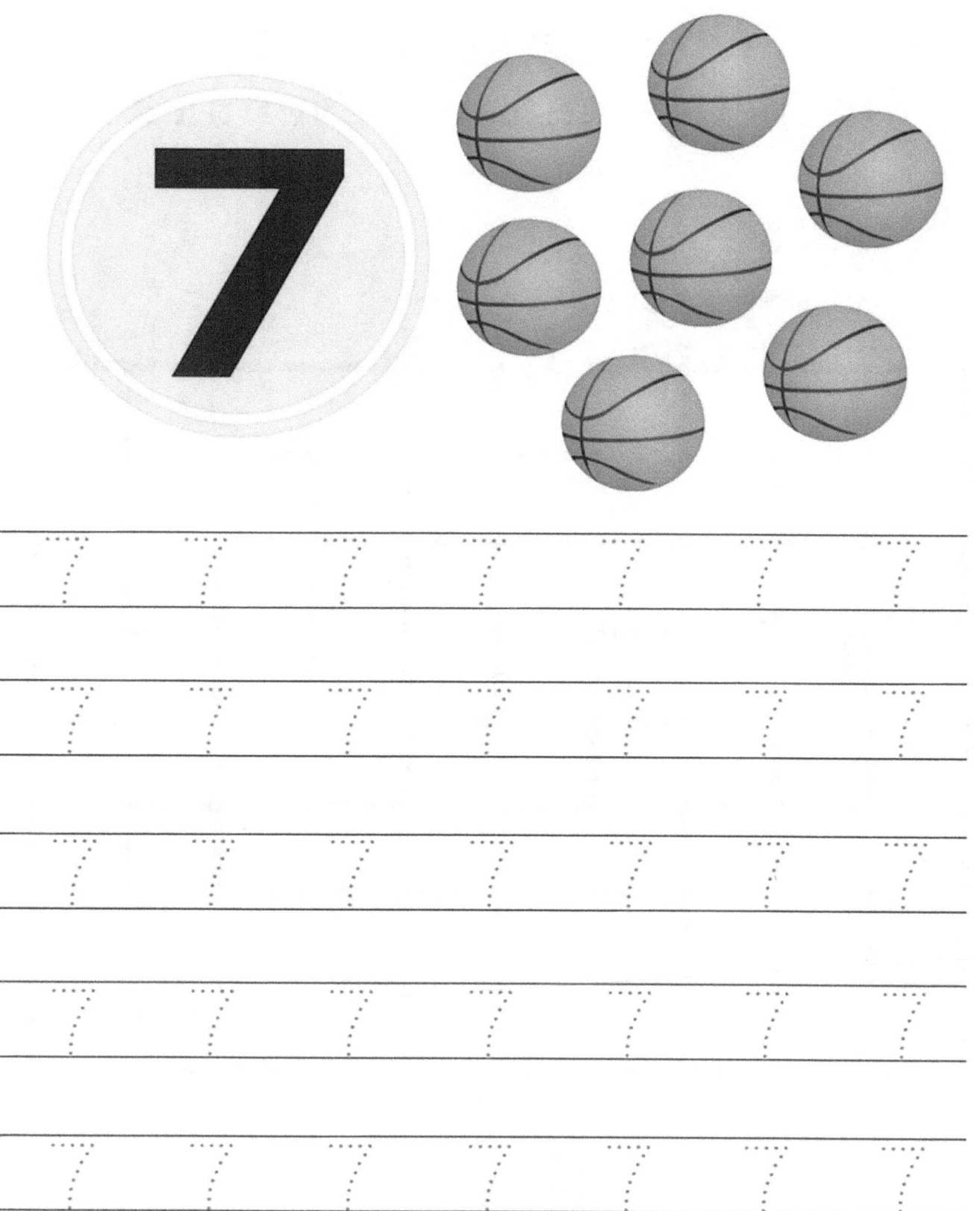

Help Superman to defeat monsters and help Number 7

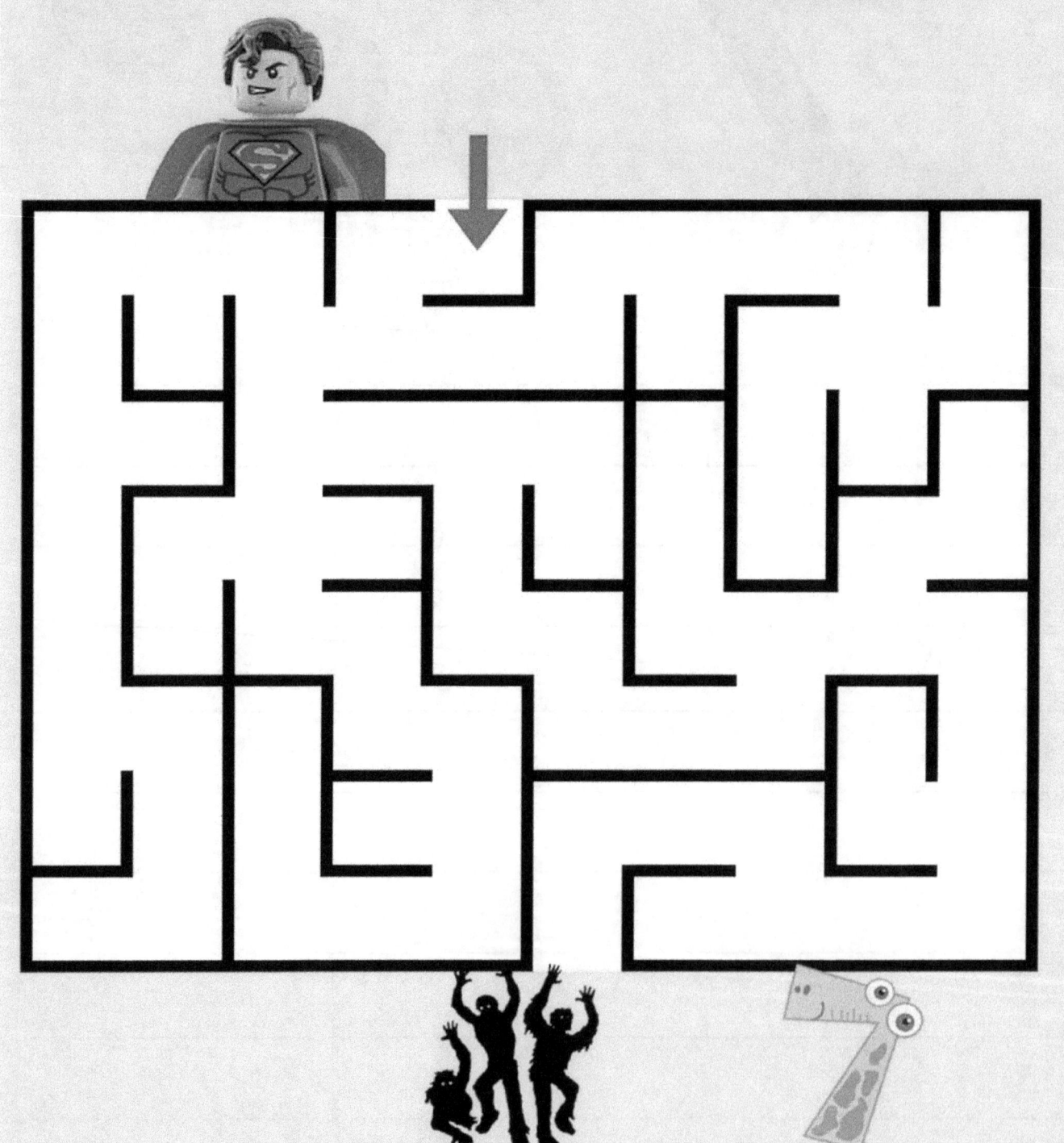

Help him color the number 8

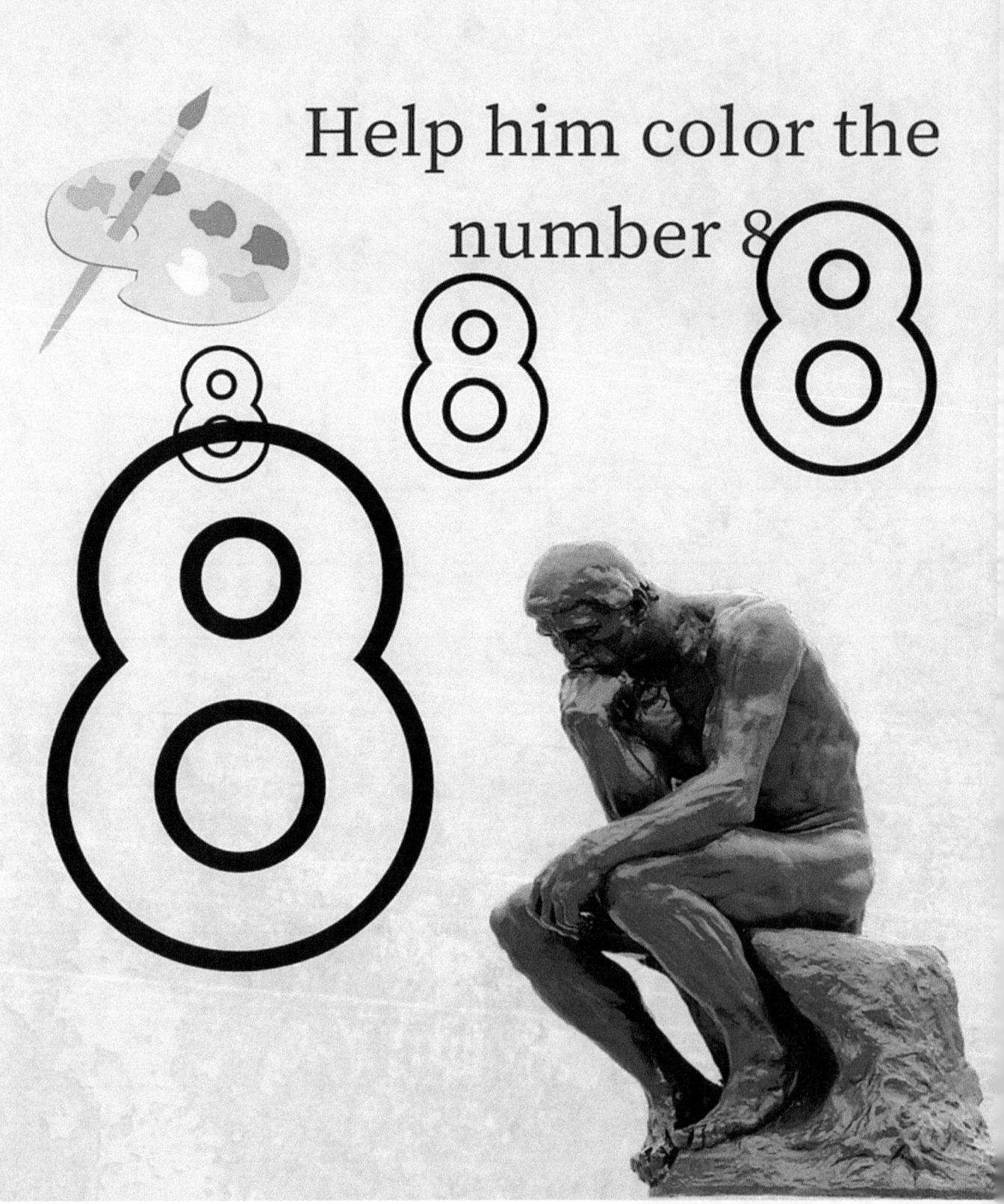

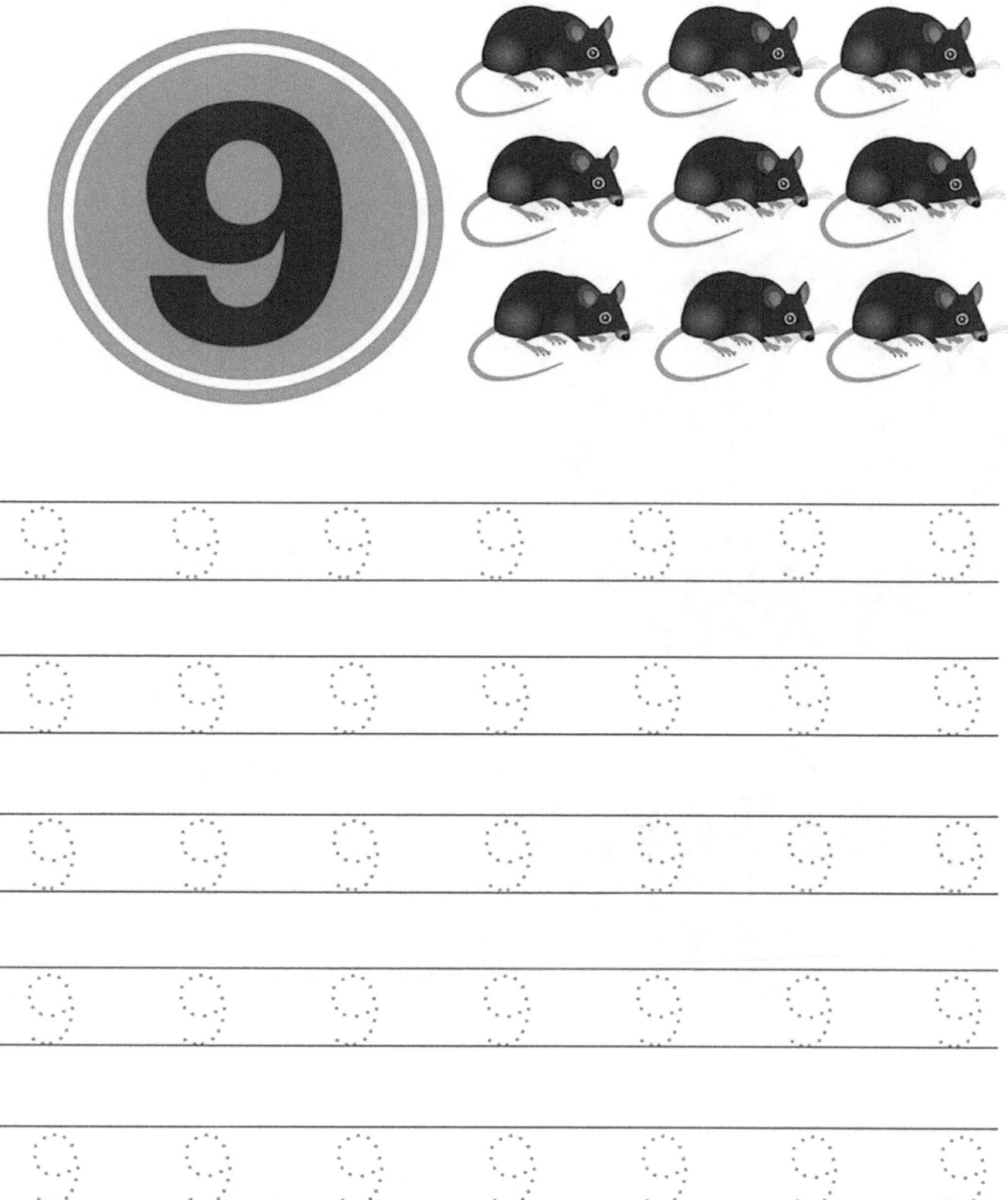

How many hamburger does Mr.Fat want to eat ?

ANSWER:_____

Restaurant

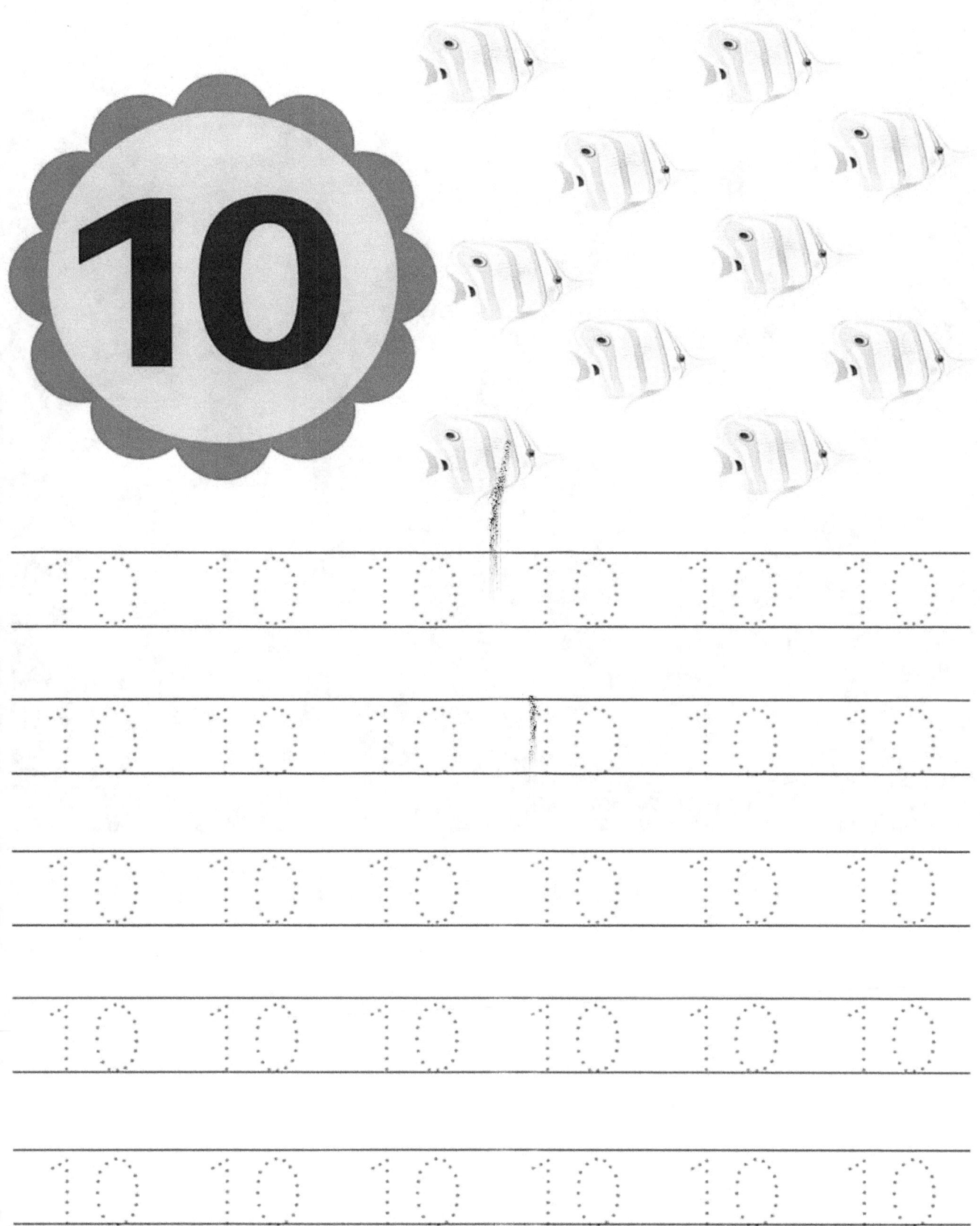

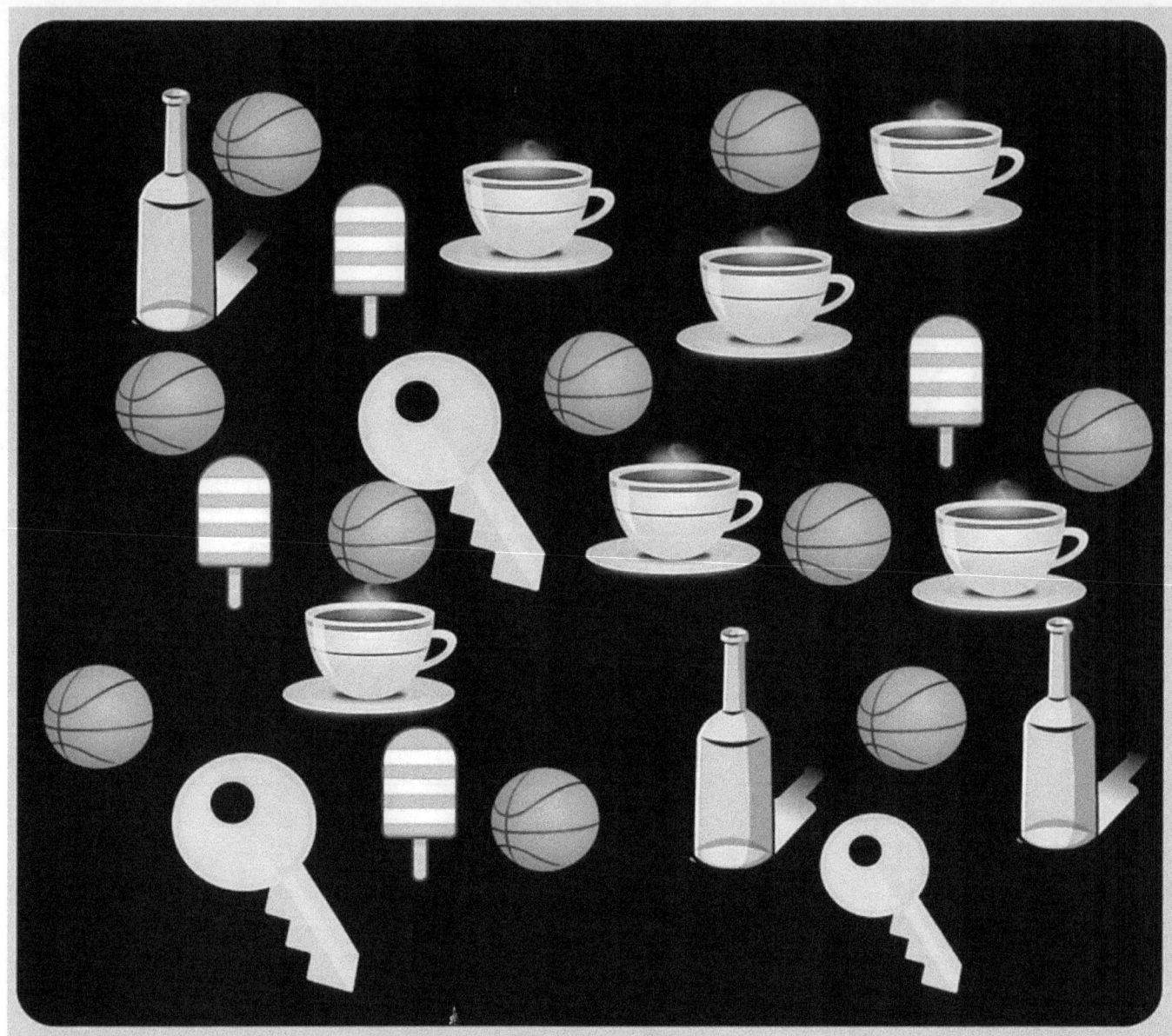

Write the number of basketball in this picture down here

Answer:_____

9   10   18   12

11 11 11 11 11 11 11

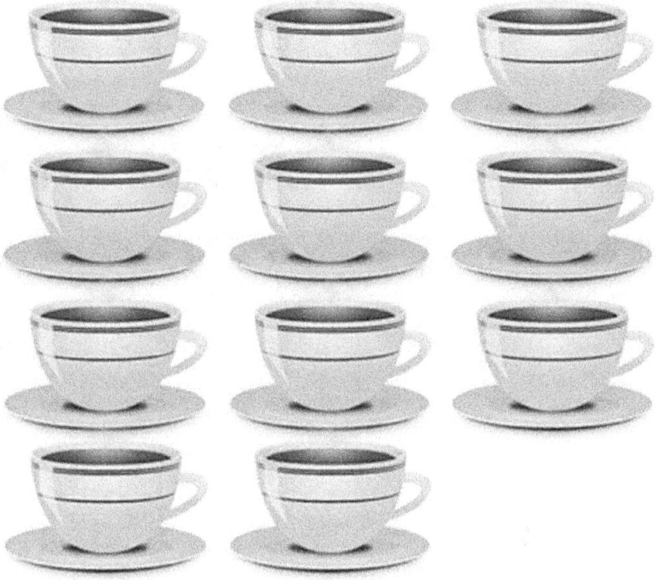

11 11 11 11 11 11 11

11 11 11 11 11 11 11

11 11 11 11 11 11 11

11 11 11 11 11 11 11

find number 11 and circle it.

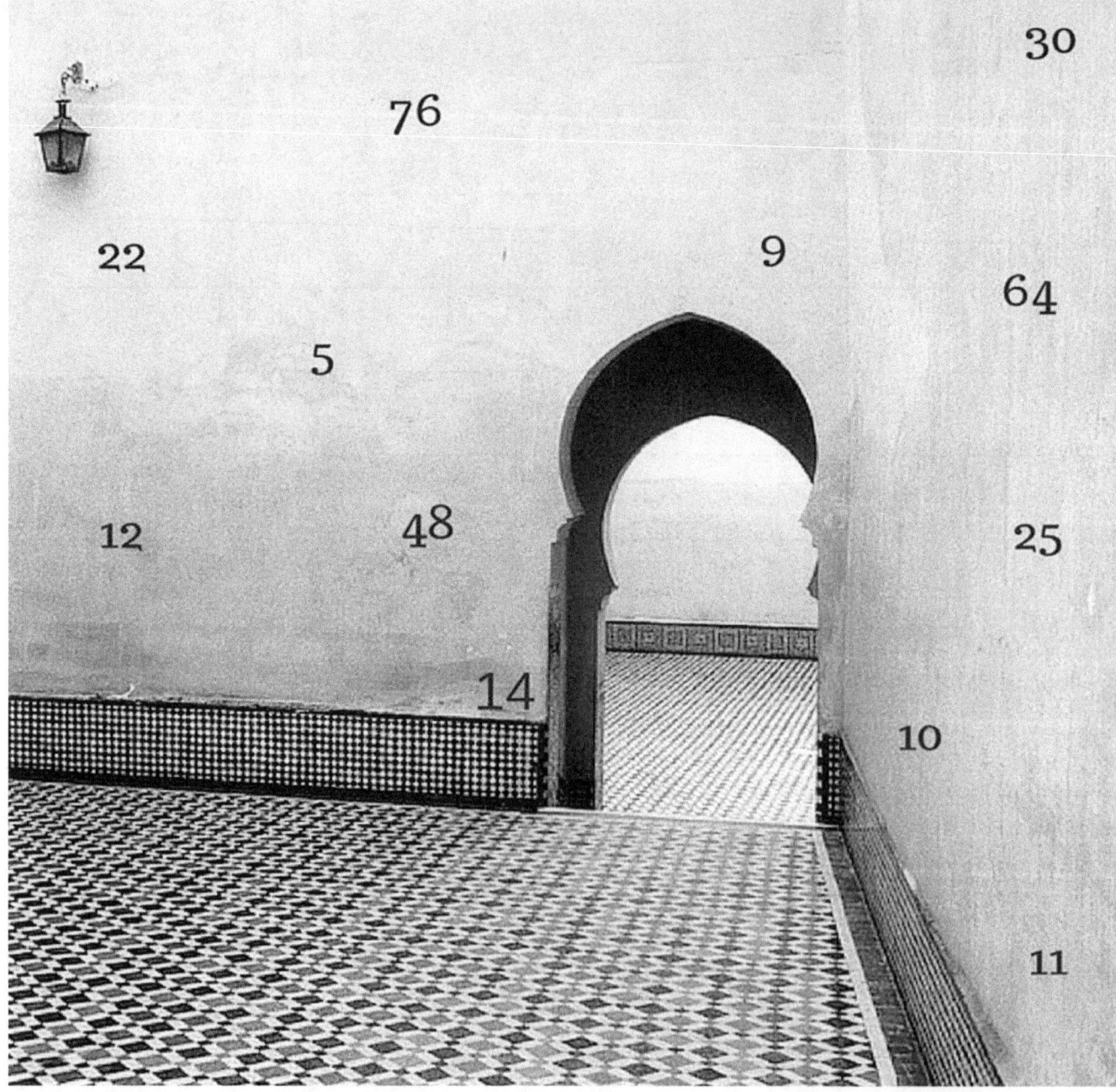

12

12 12 12 12 12 12

12 12 12 12 12 12

12 12 12 12 12 12

12 12 12 12 12 12

12 12 12 12 12 12

COLOR NUMBER 12

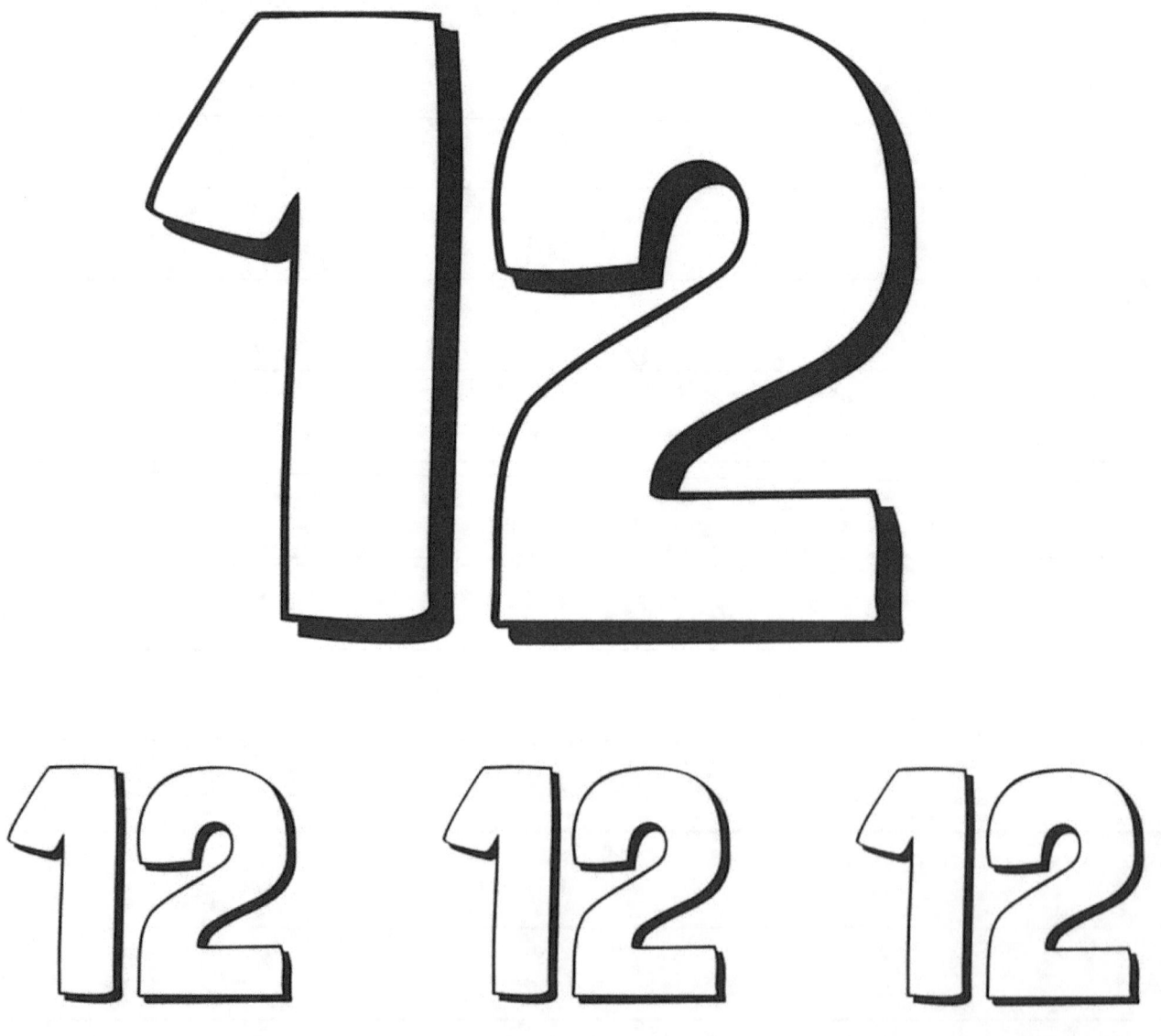

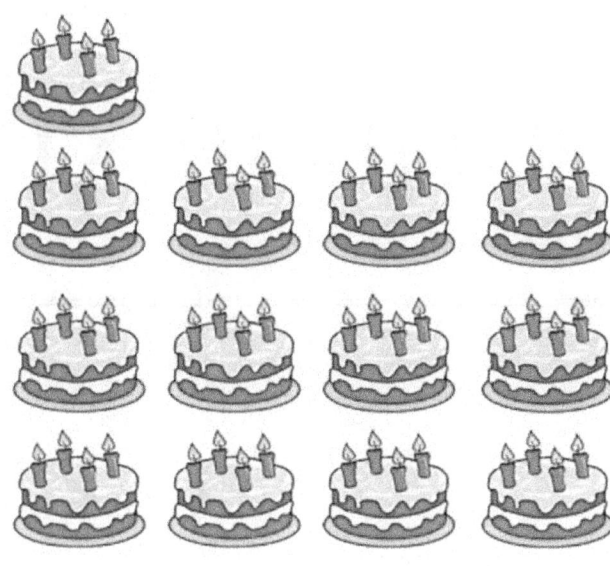

13 13 13 13 13 13

13 13 13 13 13 13

13 13 13 13 13 13

13 13 13 13 13 13

13 13 13 13 13 13

COLOR NUMBER 13

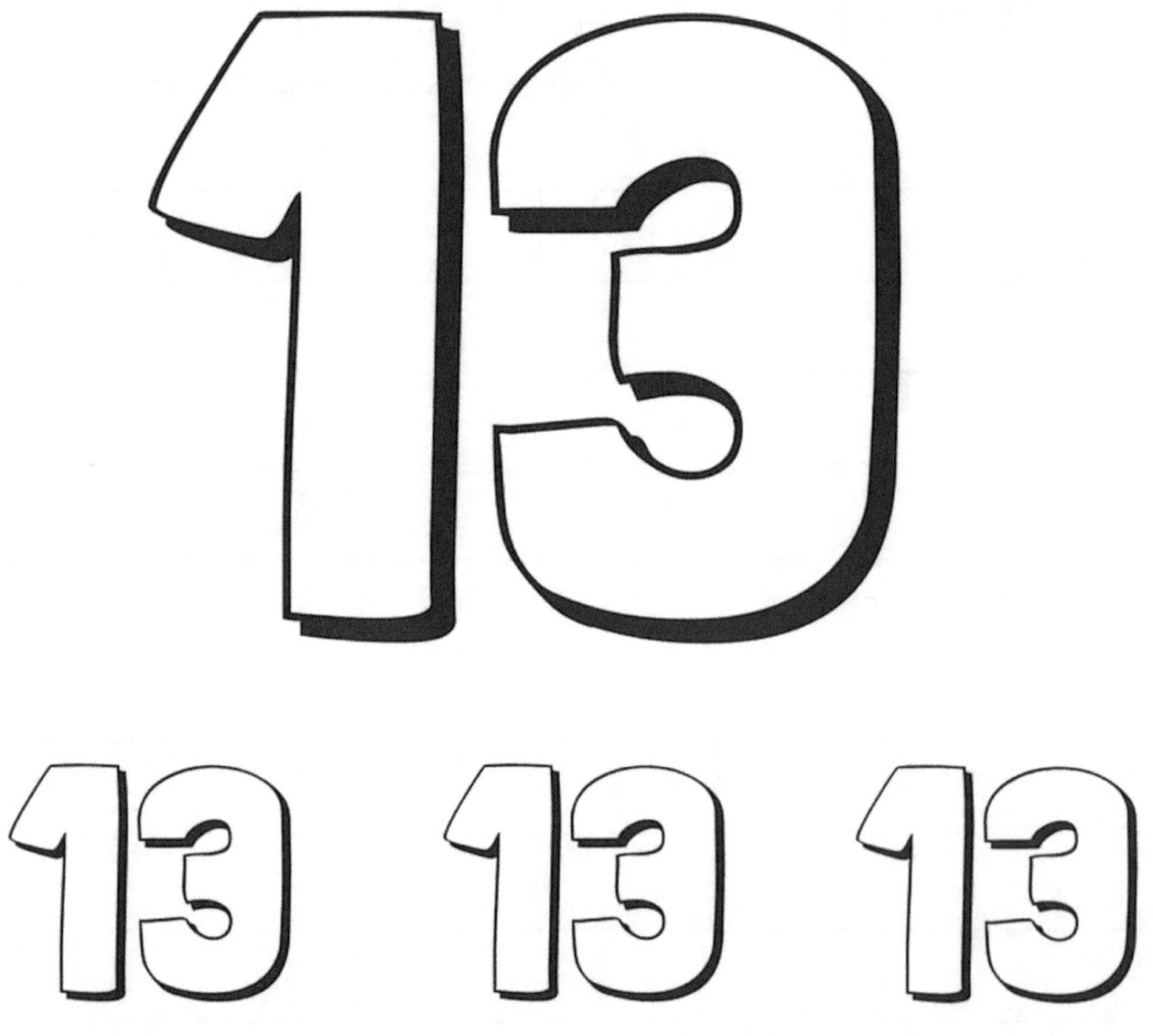

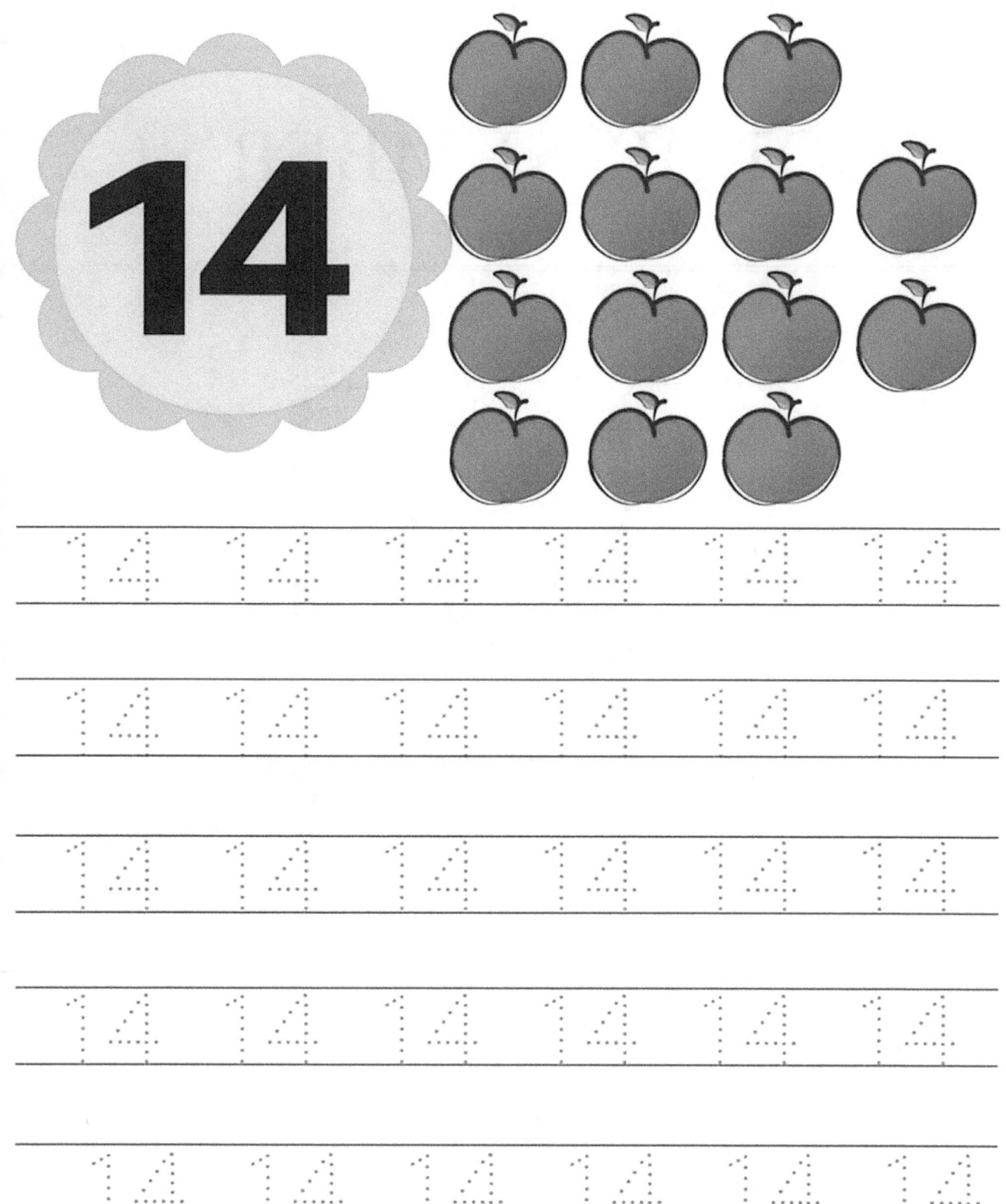

COLOR NUMBER 14

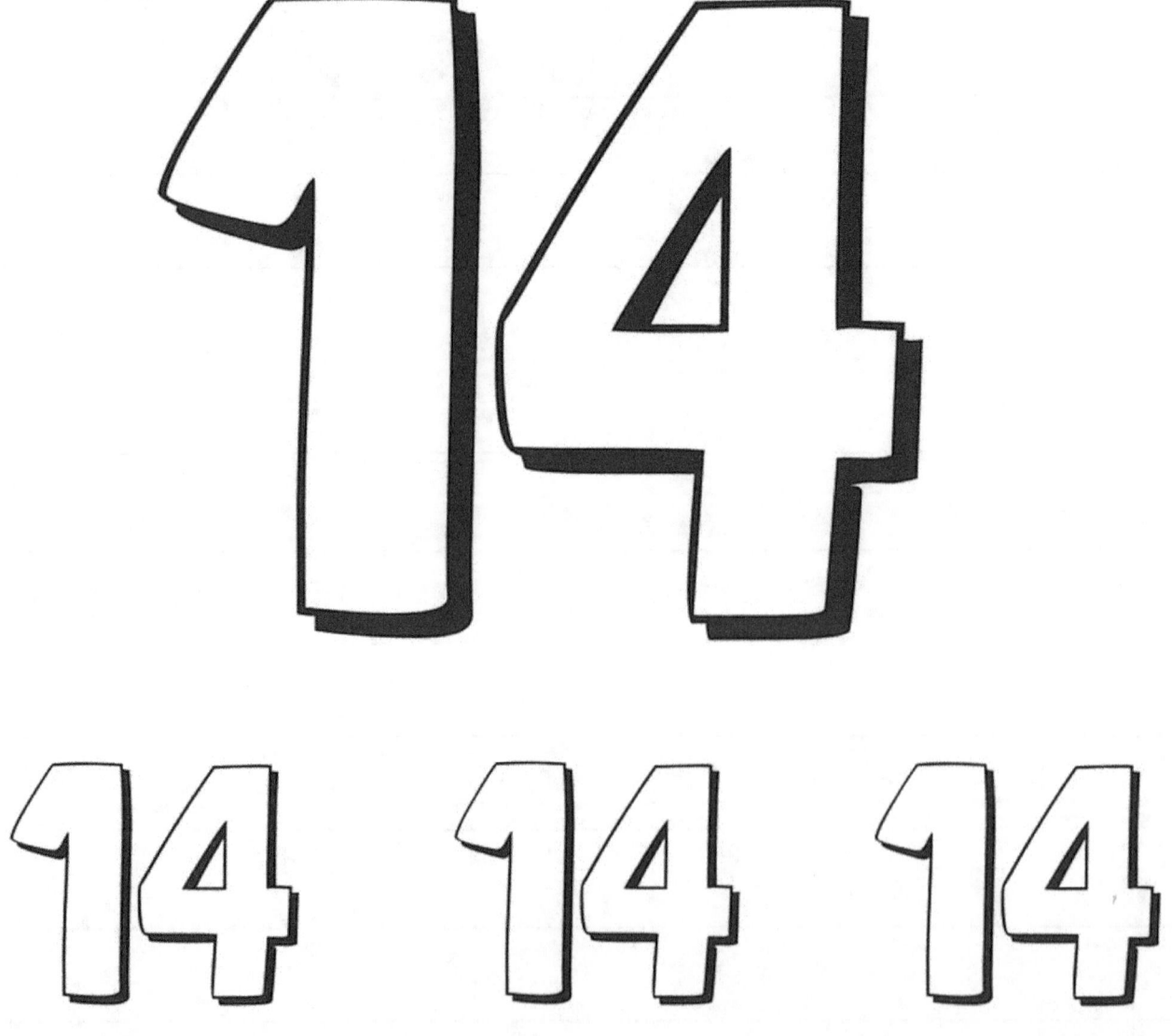

15 15 15 15 15 15

15 15 15 15 15 15

15 15 15 15 15 15

15 15 15 15 15 15

15 15 15 15 15 15

COLOR NUMBER 15

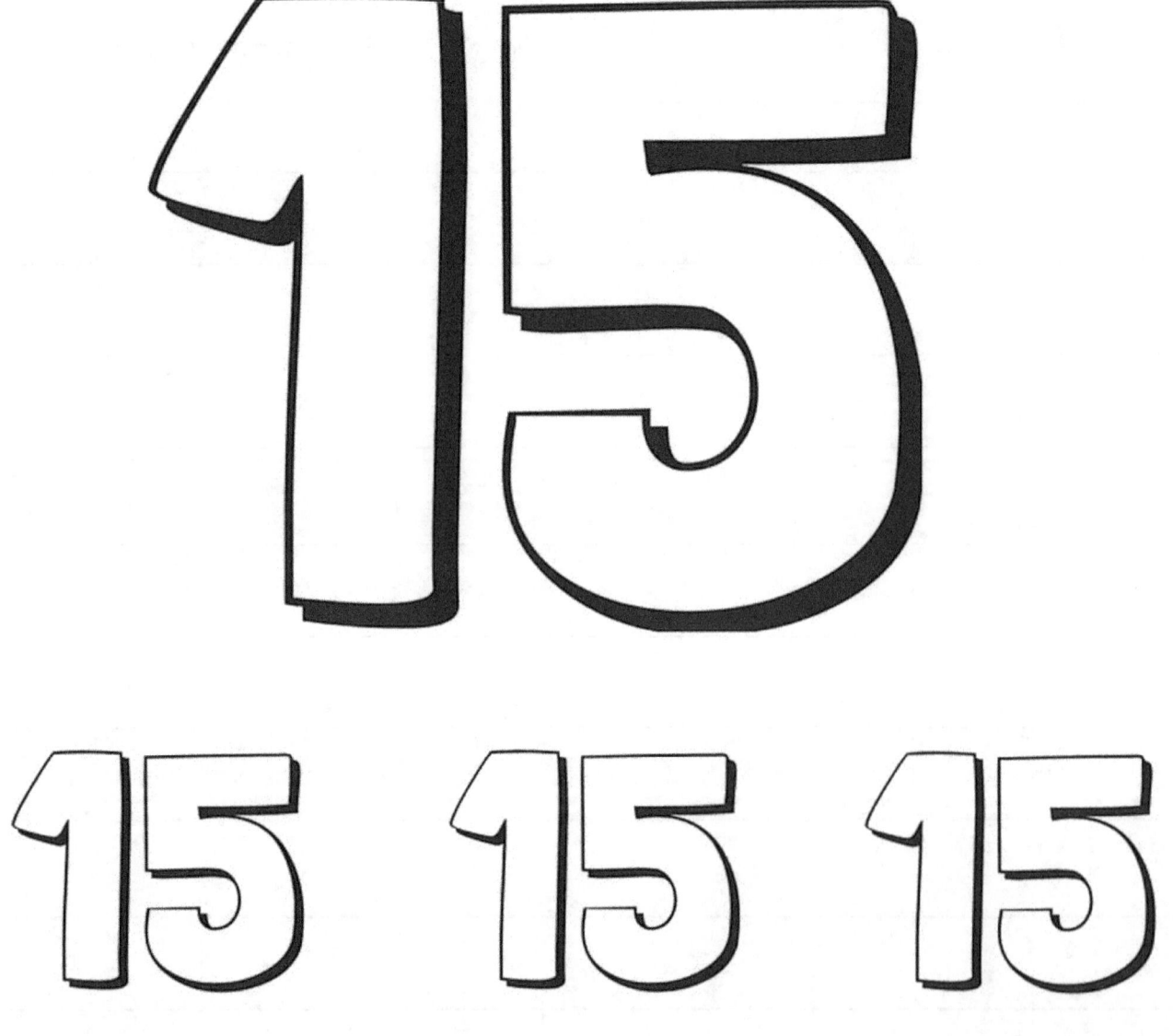

16 16 16 16 16 16 16

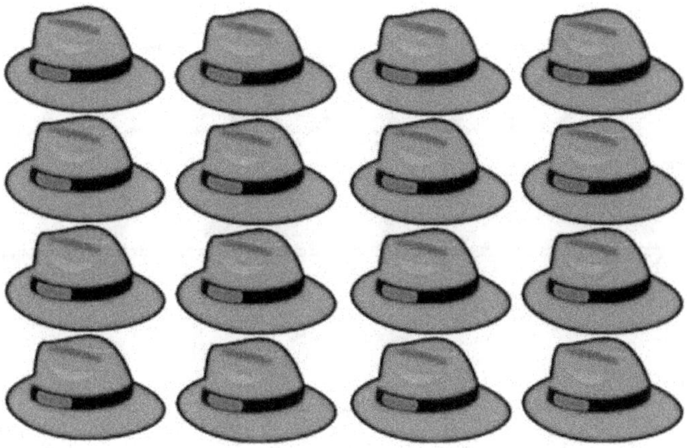

16 16 16 16 16 16 16

16 16 16 16 16 16 16

16 16 16 16 16 16 16

16 16 16 16 16 16 16

COLOR NUMBER 16

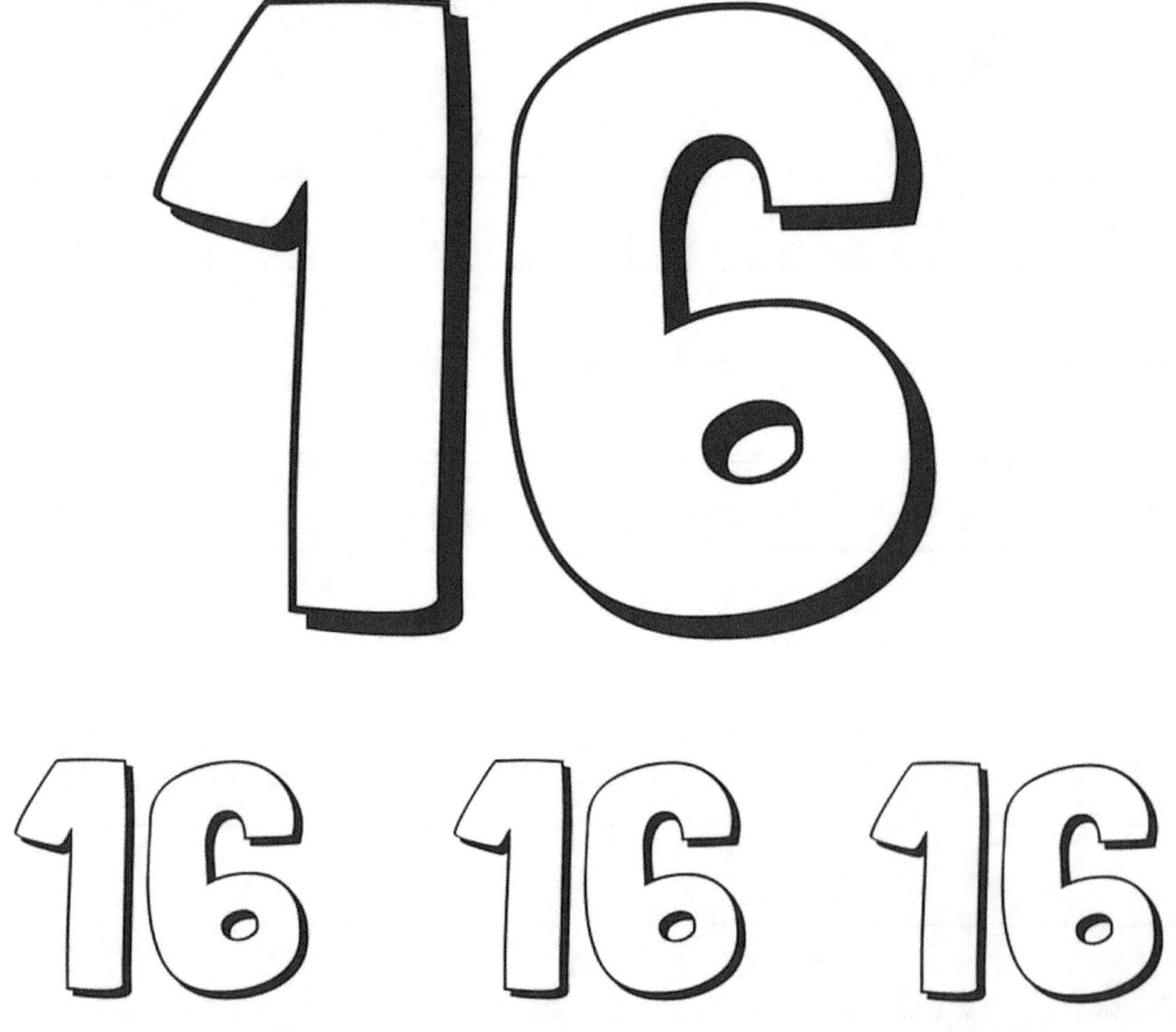

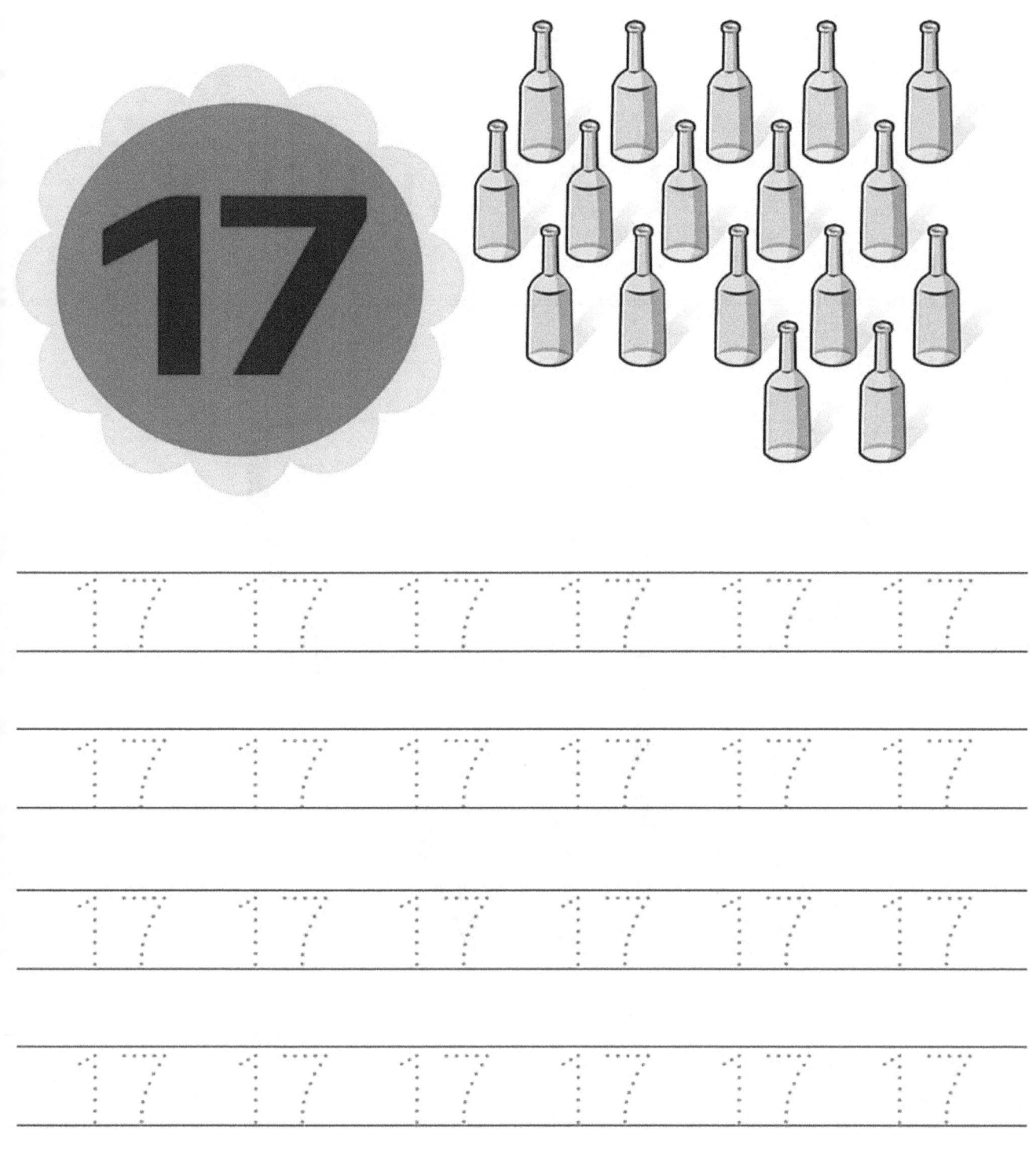

17 17 17 17 17 17

17 17 17 17 17 17

17 17 17 17 17 17

17 17 17 17 17 17

17 17 17 17 17 17

COLOR NUMBER 17

COLOR NUMBER 18

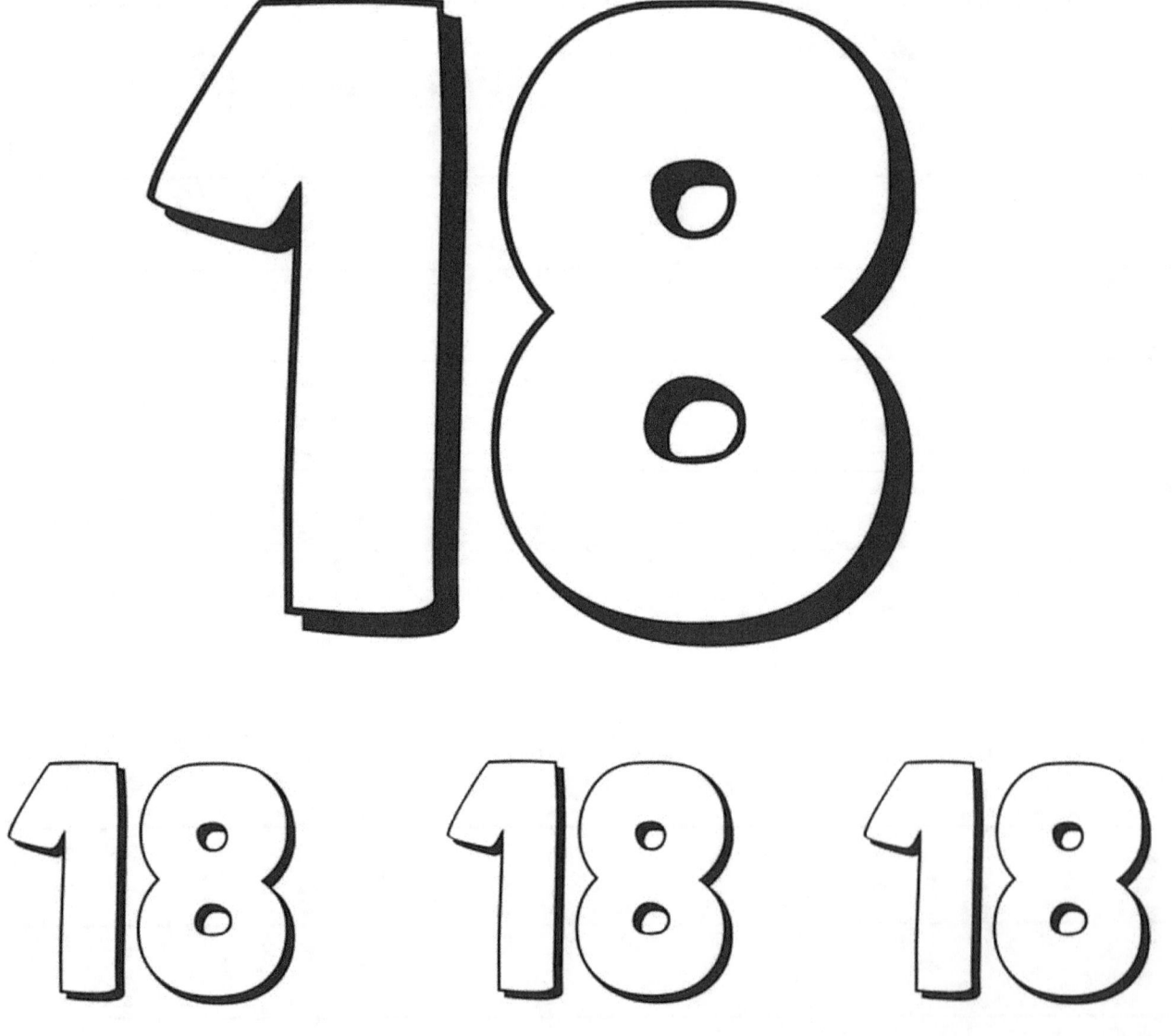

19

19 19 19 19 19 19

19 19 19 19 19 19

19 19 19 19 19 19

19 19 19 19 19 19

19 19 19 19 19 19

COLOR NUMBER 19

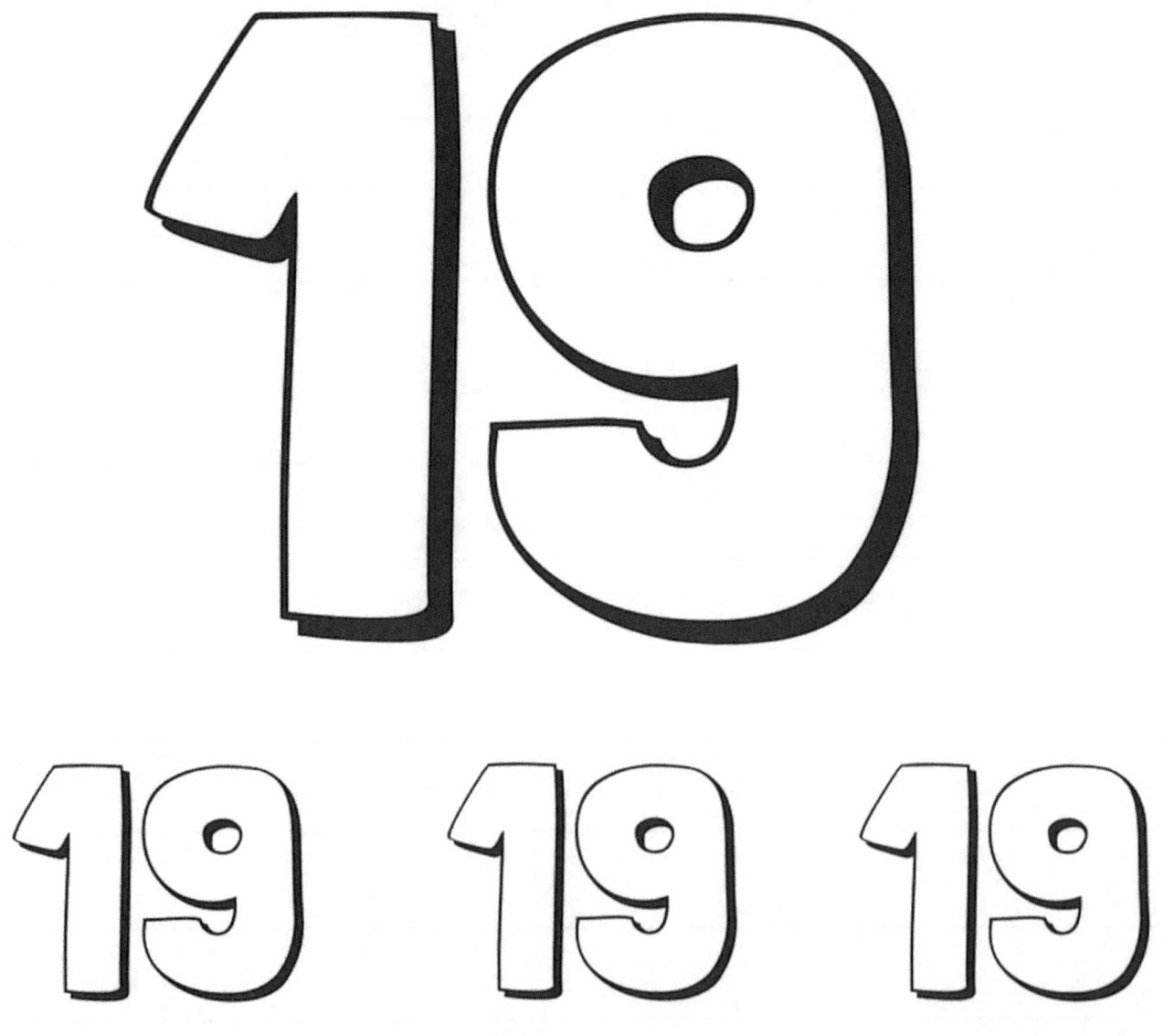

20 20 20 20 20 20

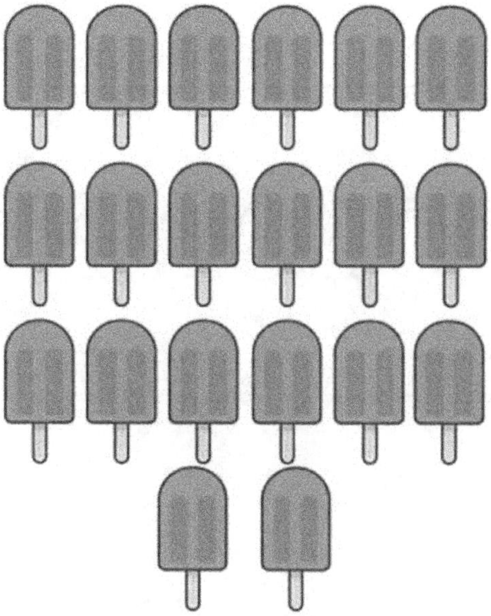

20 20 20 20 20 20

20 20 20 20 20 20

20 20 20 20 20 20

20 20 20 20 20 20

COLOR NUMBER 20

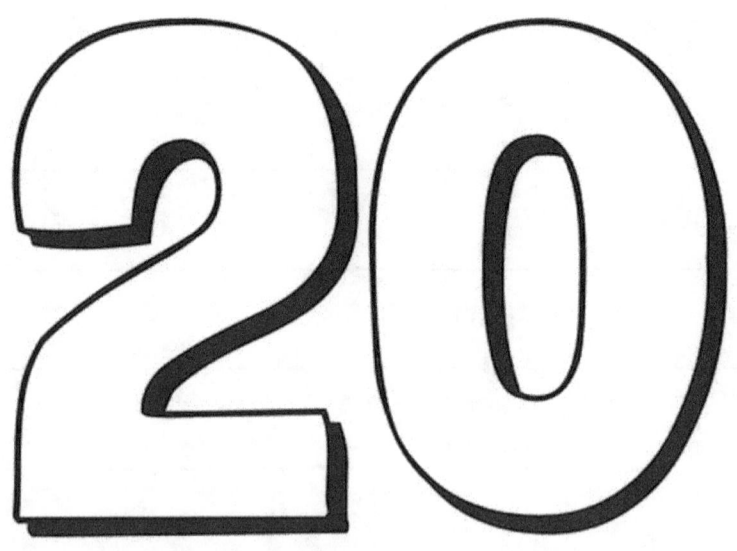

20 20 20

Where is number 21 ?

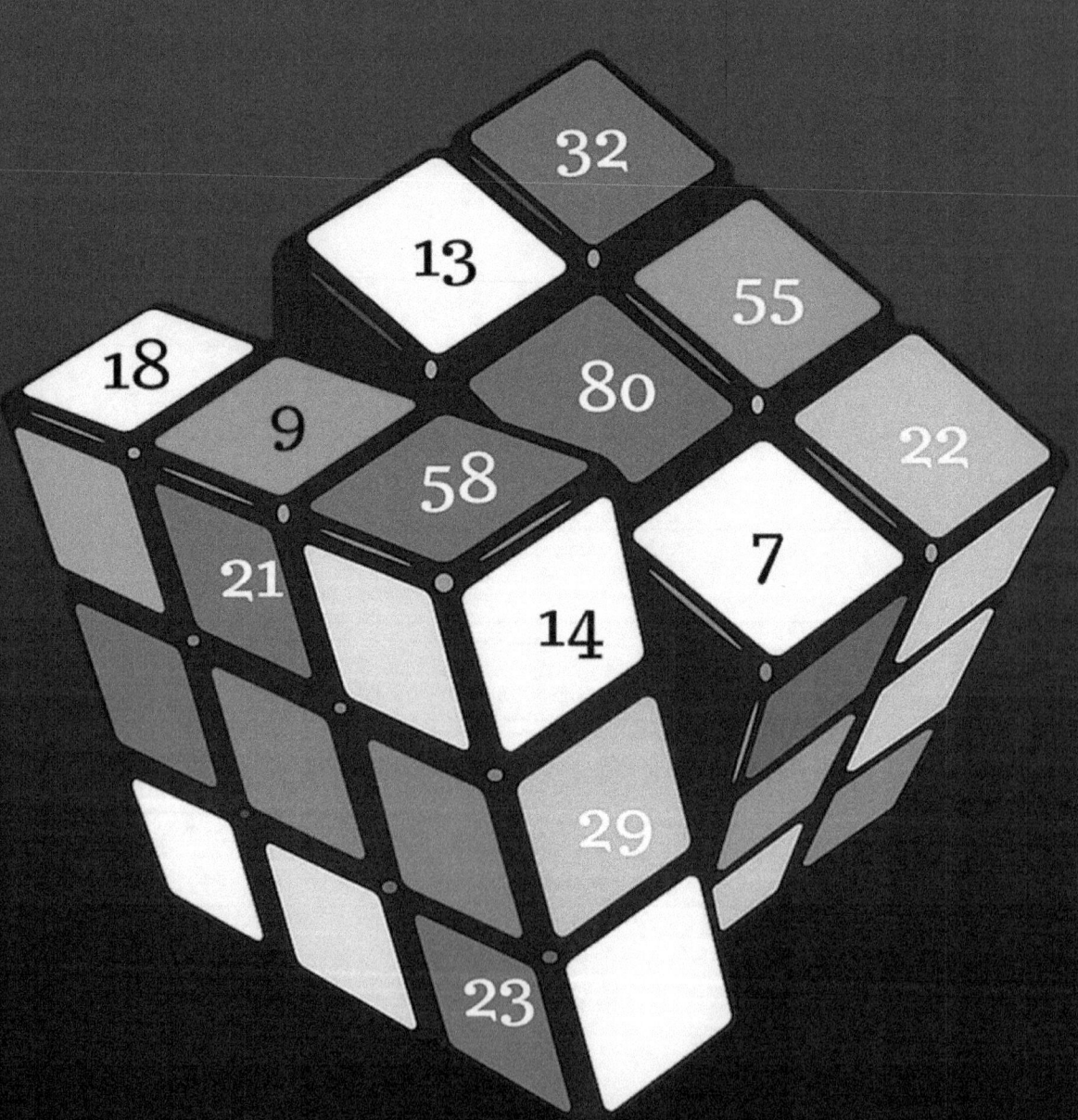

What does number 22 look like ?

Please write it in this cloud.

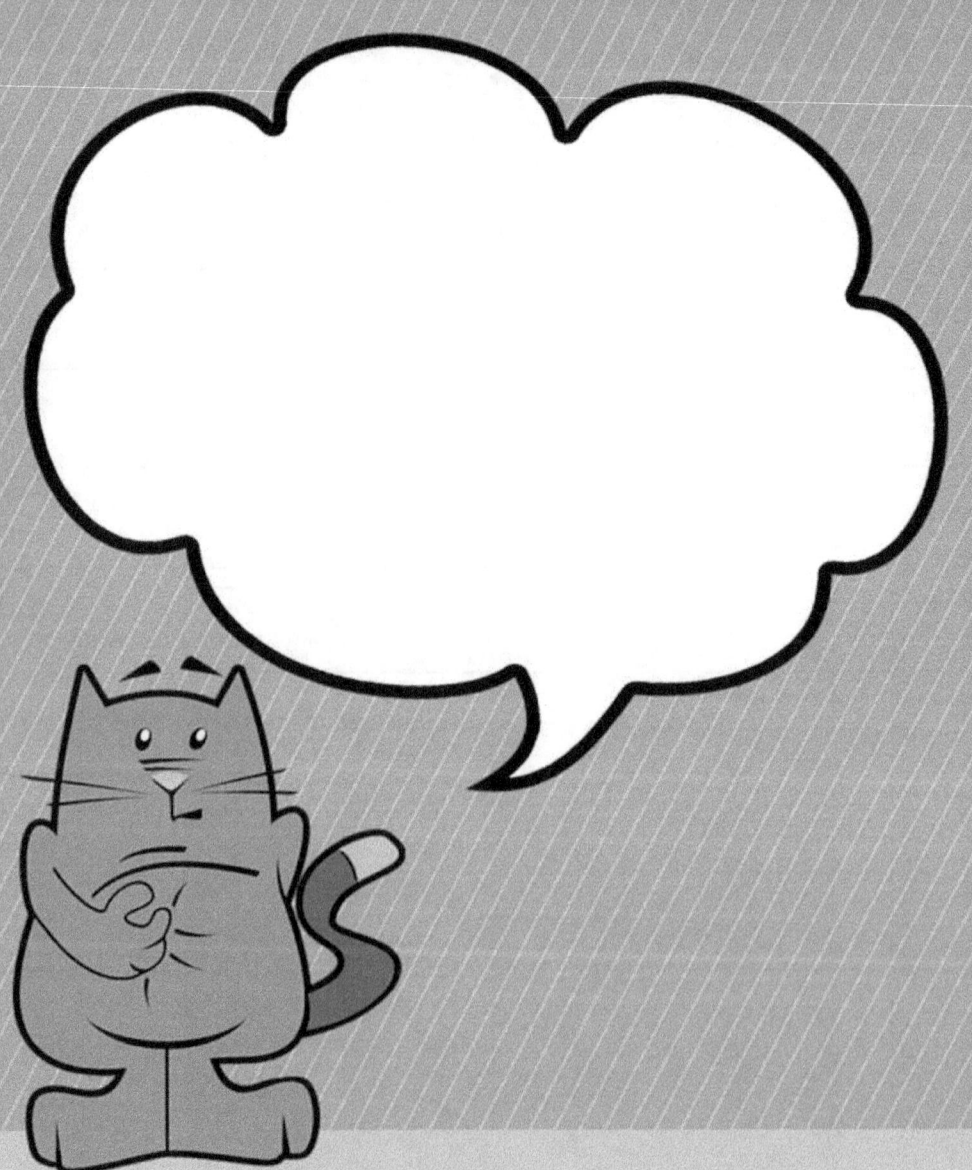

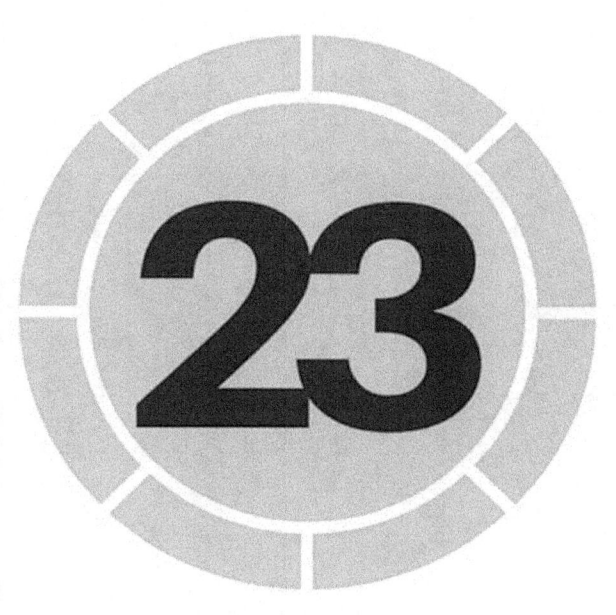

23 23 23 23 23 23

23 23 23 23 23 23

23 23 23 23 23 23

23 23 23 23 23 23

23 23 23 23 23 23

What does number 23 look like ?

Please write it in this cloud.

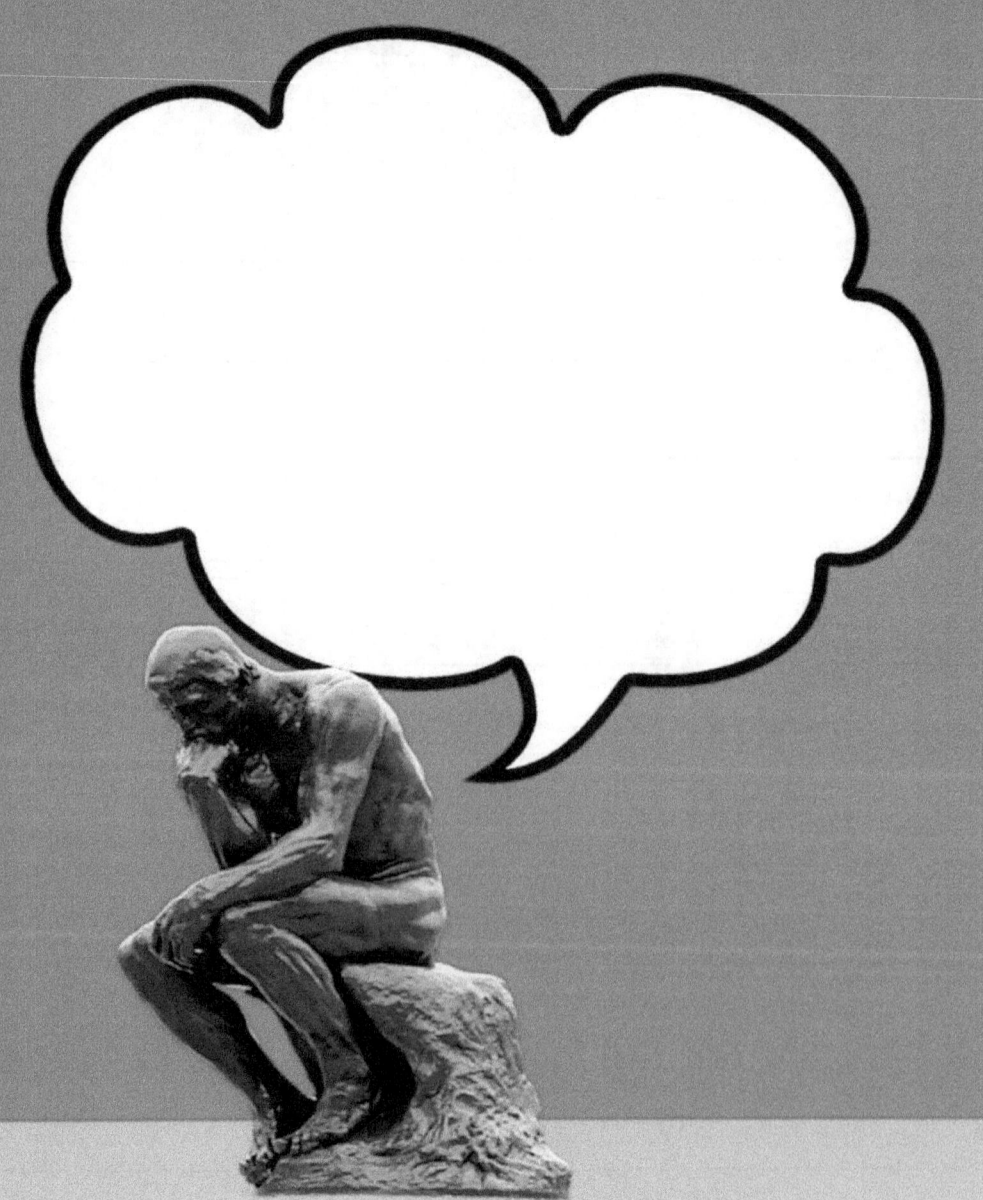

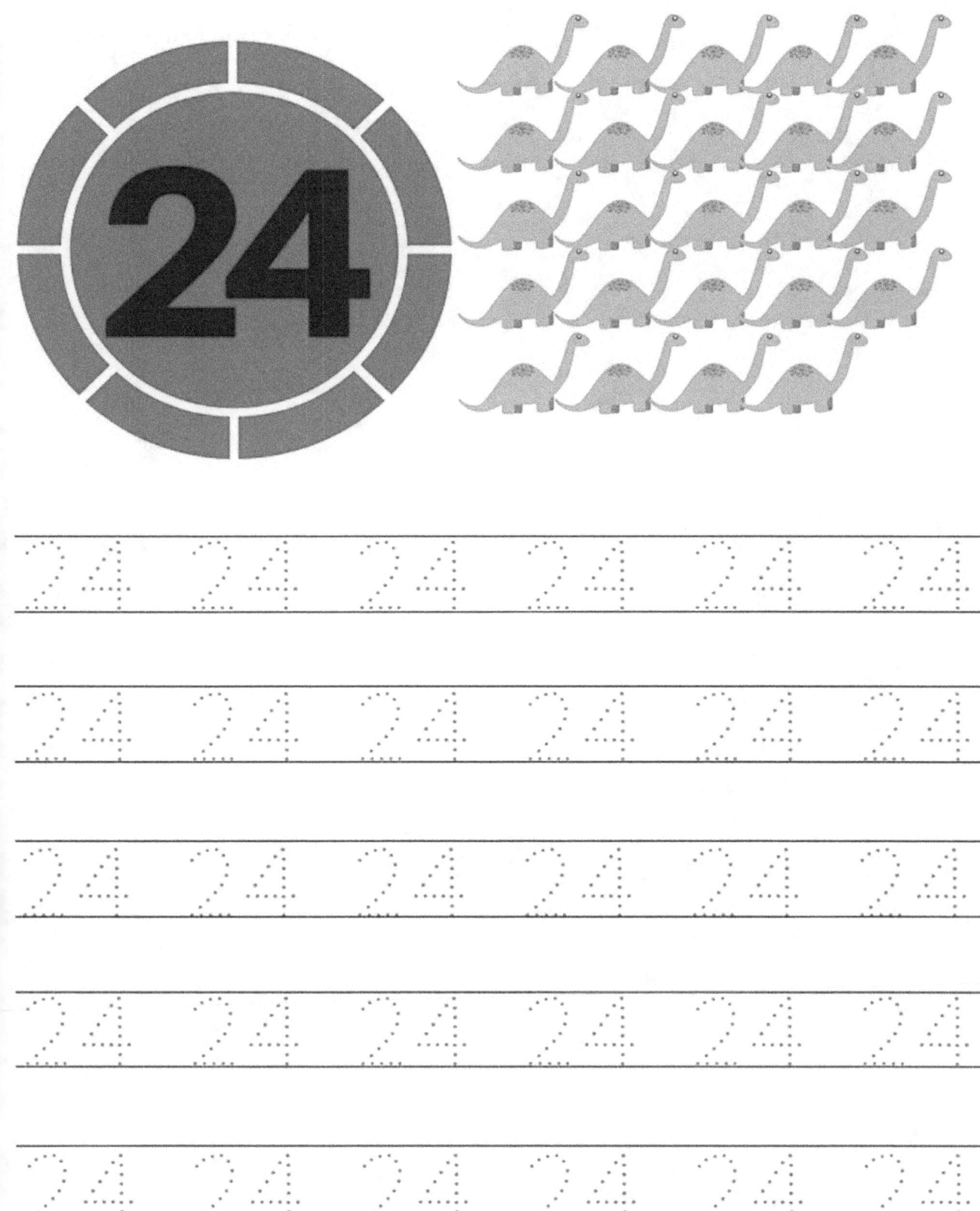

What does number 24 look like ?

Please write it in this cloud.

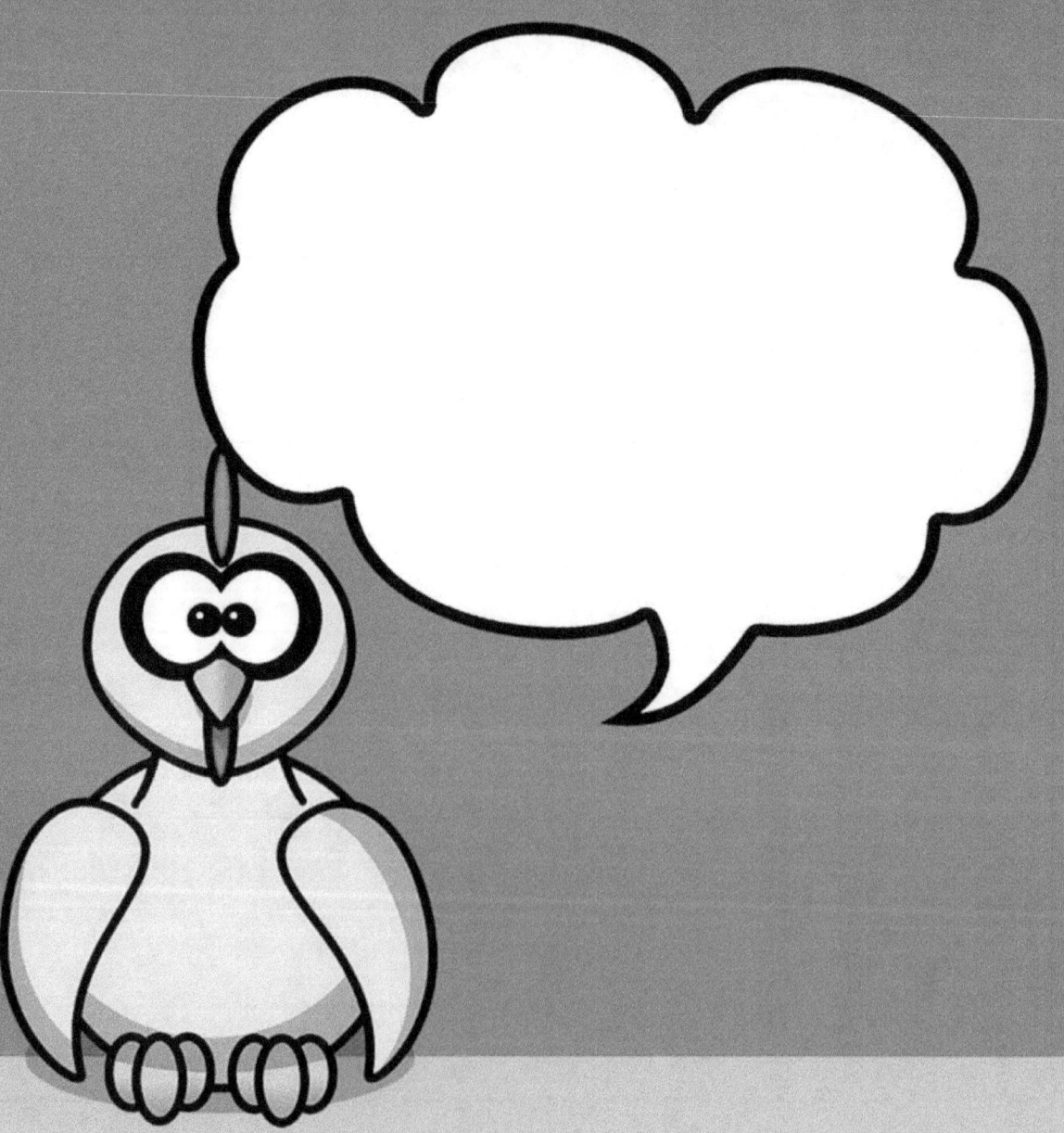

What does number 25 look like ?

Please write it in this cloud.

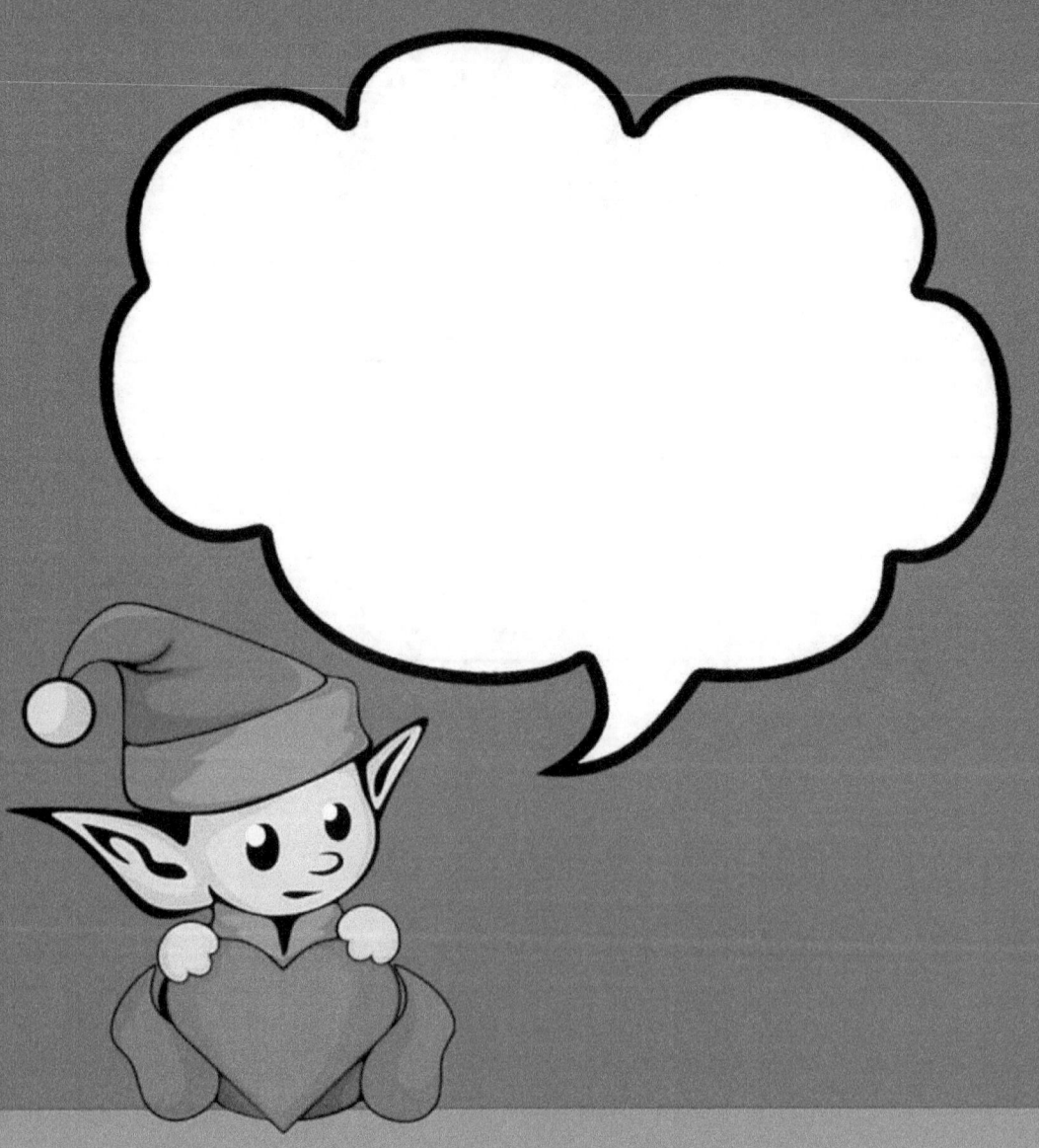

26 26 26 26 26 26

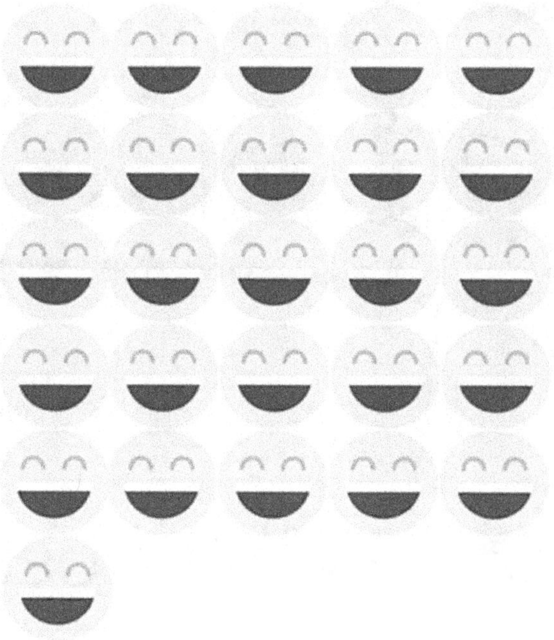

26 26 26 26 26 26

26 26 26 26 26 26

26 26 26 26 26 26

26 26 26 26 26 26

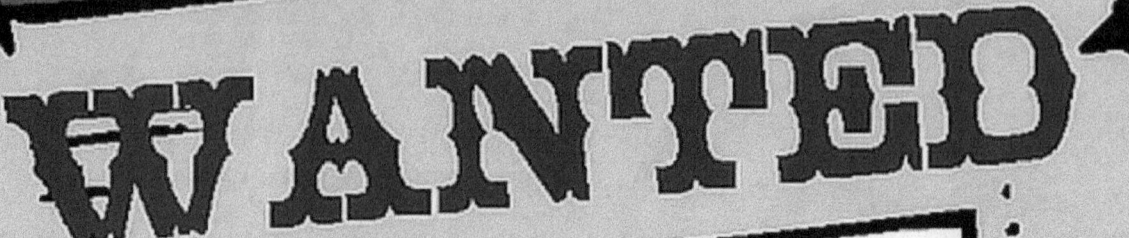

What does number
26
look like ?

15   24   26

WHICH KING HAS NUMBER 27?

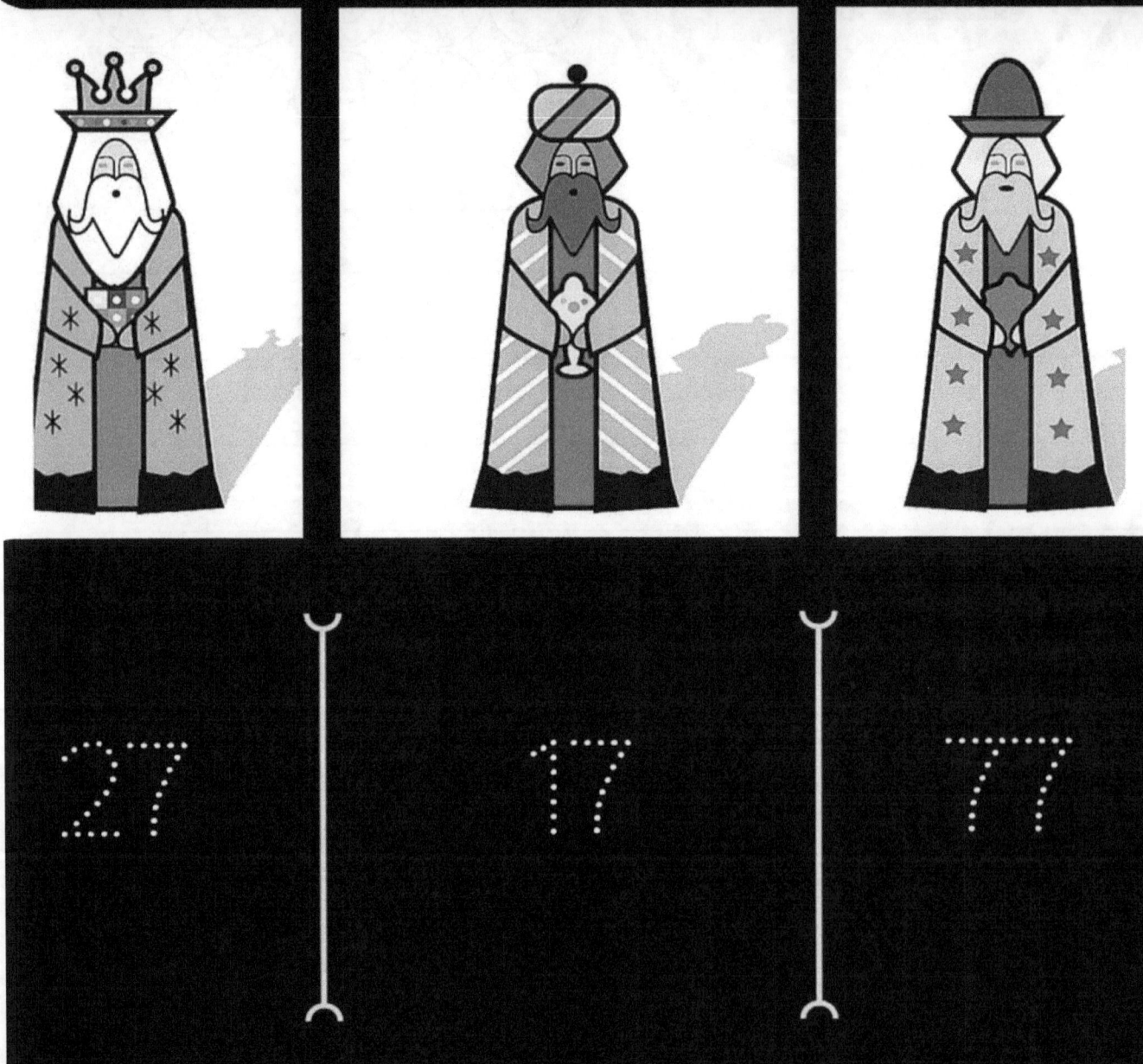

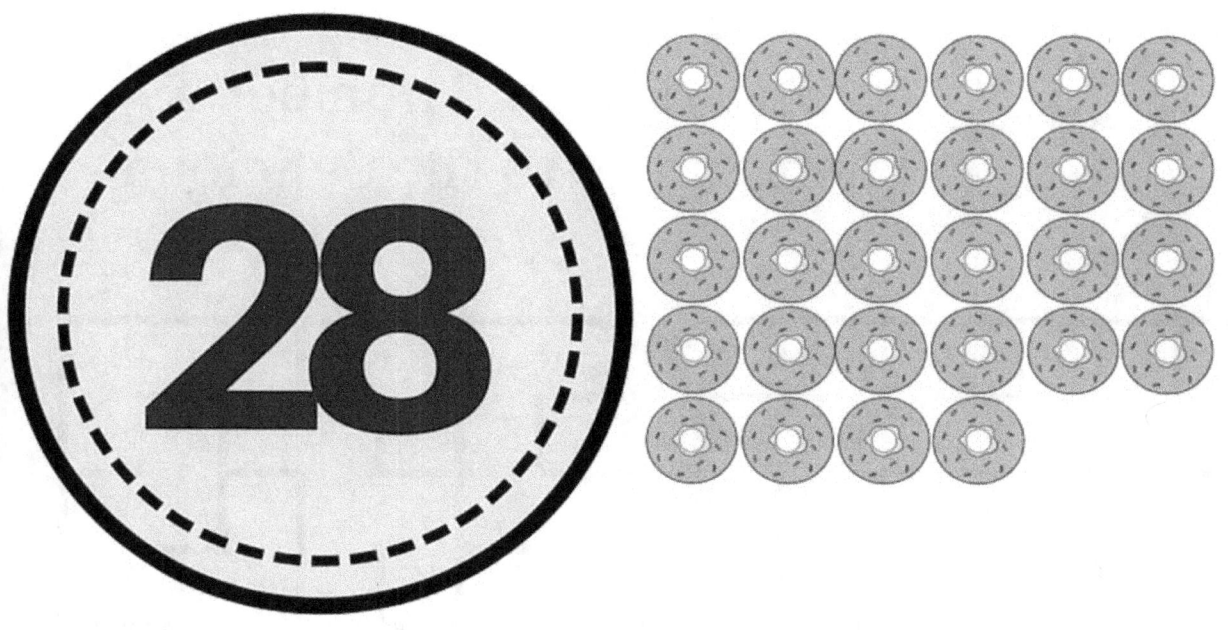

28 28 28 28 28 28

28 28 28 28 28 28

28 28 28 28 28 28

28 28 28 28 28 28

28 28 28 28 28 28

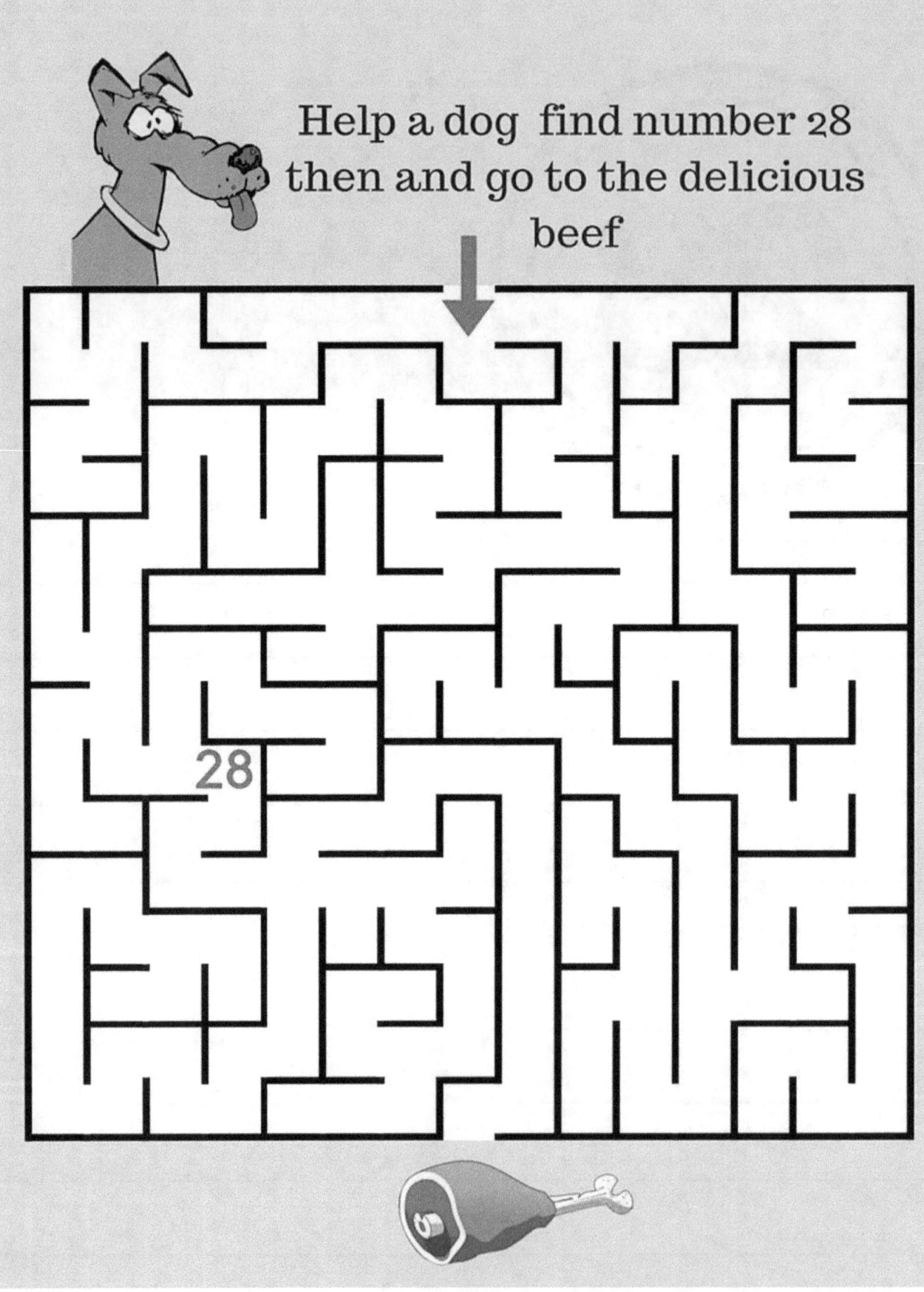

Help a dog find number 28 then and go to the delicious beef

29 29 29 29 29 29

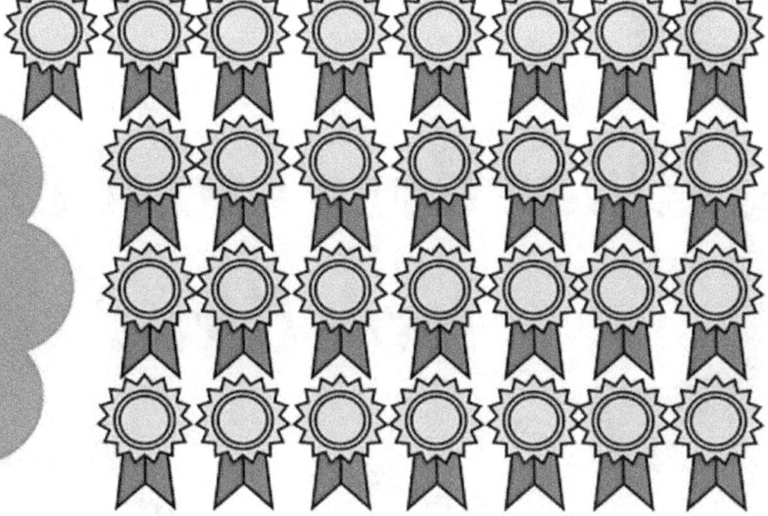

29 29 29 29 29 29

29 29 29 29 29 29

29 29 29 29 29 29

29 29 29 29 29 29

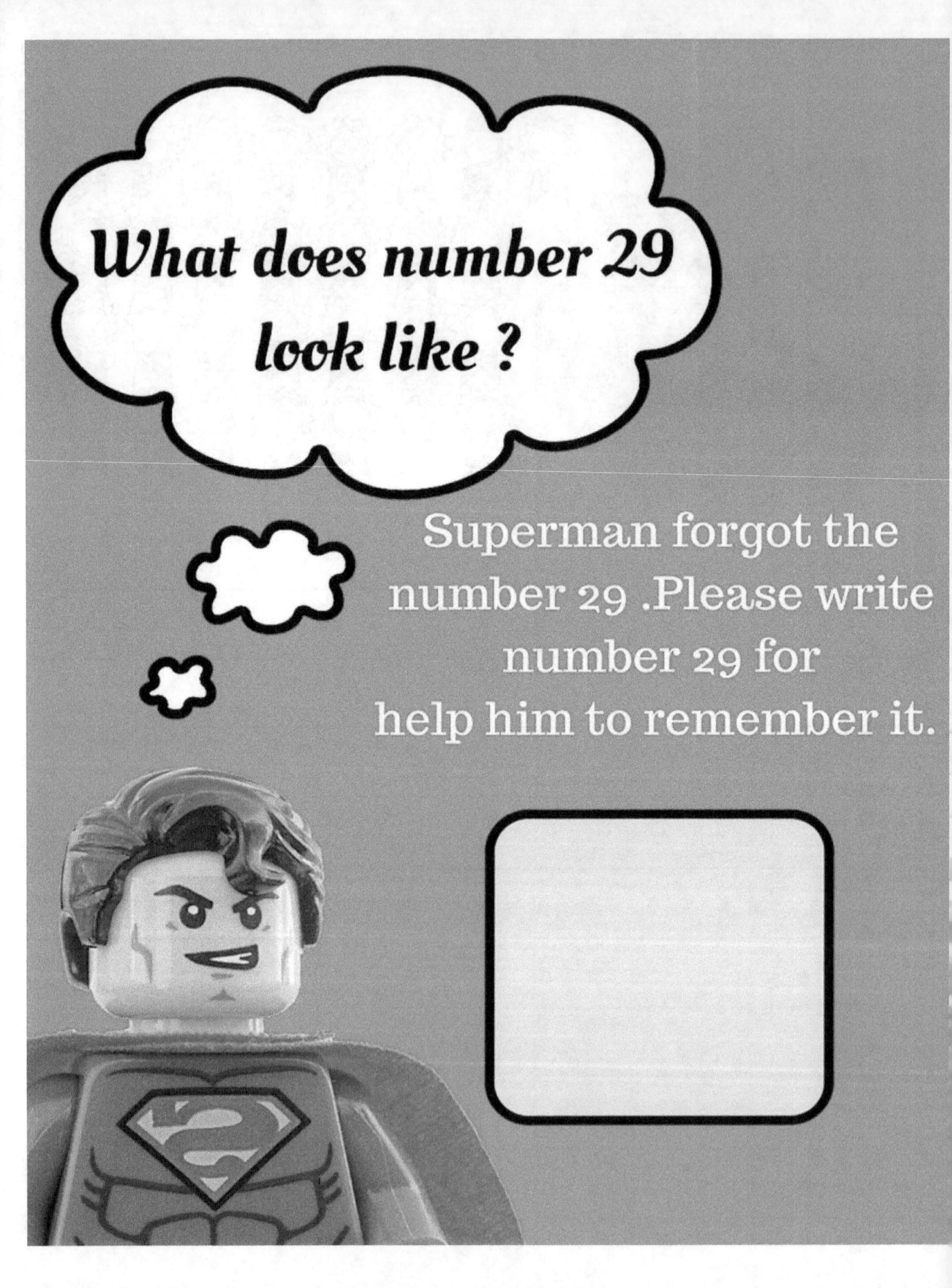

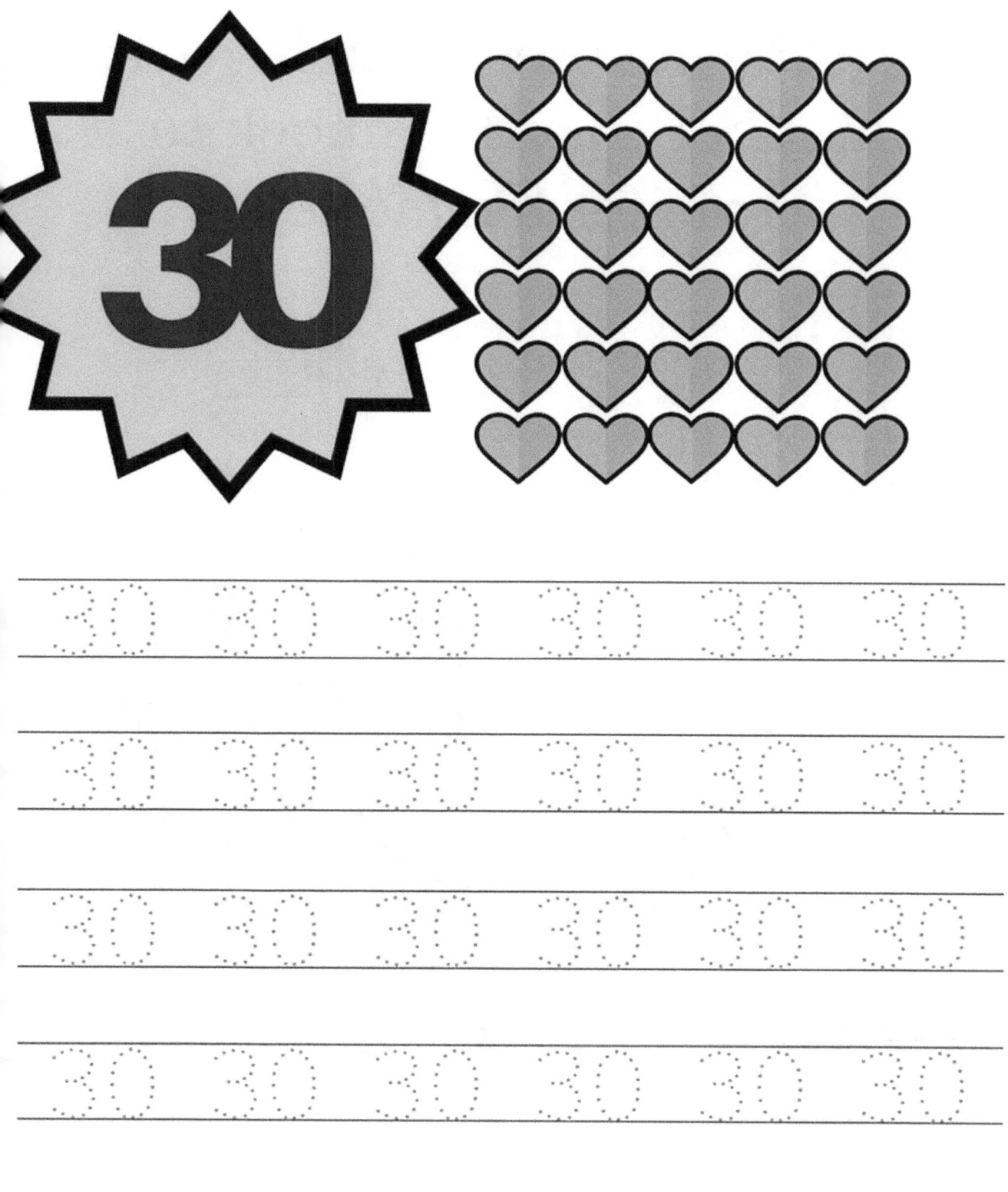

30 30 30 30 30 30

30 30 30 30 30 30

30 30 30 30 30 30

30 30 30 30 30 30

30 30 30 30 30 30

Help the businessman to write number 30 at his check to transfer his money.

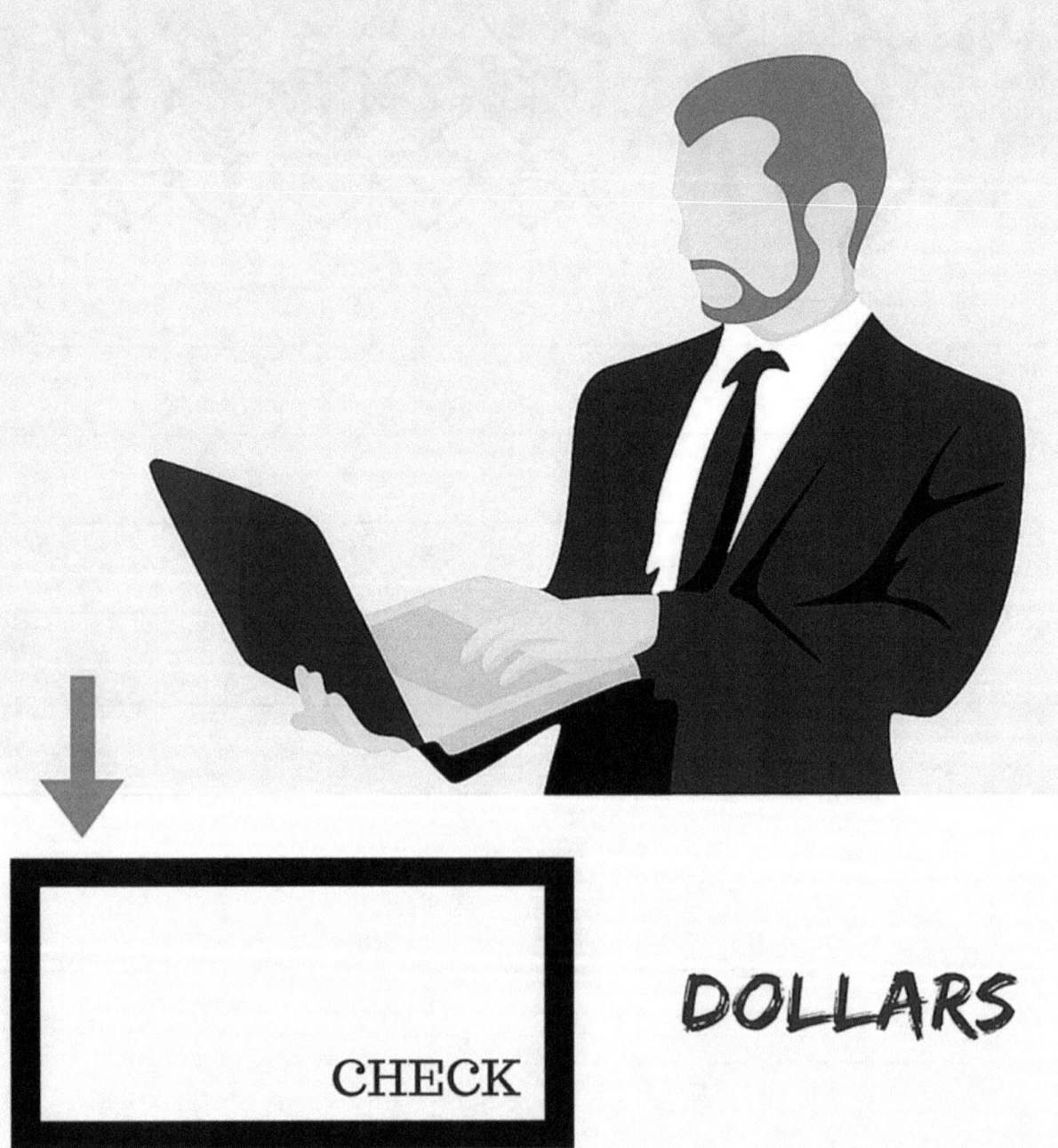

CHECK

DOLLARS